गरुड़ किसने देखा है

गरुड़ किसने देखा है

श्रीकान्त वर्मा

राजकमल प्रकाशन

ISBN : 978-93-88933-13-1

मूल्य : ₹295

पहला संस्करण : 1987
दूसरा संस्करण : 2019

प्रकाशक : राजकमल प्रकाशन प्रा. लि.
1-बी, नेताजी सुभाष मार्ग, दरियागंज
नई दिल्ली-110 002

शाखाएँ : अशोक राजपथ, साइंस कॉलेज के सामने, पटना-800 006
पहली मंजिल, दरबारी बिल्डिंग, महात्मा गांधी मार्ग, इलाहाबाद-211 001
36 ए, शेक्सपियर सरणी, कोलकाता-700 017

वेबसाइट : www.rajkamalprakashan.com
ई-मेल : info@rajkamalprakashan.com

मुद्रक : बी.के. ऑफसेट
नवीन शाहदरा, दिल्ली-110 032

GARUD KISANE DEKHA HAI
Poems by Shrikant Verma

संग्रह के बारे में

'गरुड़ किसने देखा है' श्रीकान्तजी का छठा काव्य-संग्रह है, जो उनके स्वर्गीय होने के लगभग एक वर्ष बाद प्रकाशित हो रहा है। इस संग्रह की कुछ कविताएँ हिन्दी की कुछ प्रमुख पत्रिकाओं में पहले प्रकाशित हो चुकी हैं। परन्तु अनेक कविताएँ ऐसी है, जो यहाँ पहली बार प्रकाशित हो रही हैं। रचनाकाल की दृष्टि से इस संग्रह की कुछ कविताएँ 'मगध' के आसपास की हो सकती हैं परन्तु बहुत-सी ऐसी हैं जो निश्चित रूप से 'मगध' के बाद की हैं। अपने जीवन के अन्तिम दिनों में श्रीकान्तजी लगातार अपने अगले काव्य-संग्रह के बारे में सोचते रहे थे। परन्तु साथ ही एक दबी हुई आशंका भी उन्हें निरन्तर मथ रही थी, जिसका हल्का-सा आभास उनकी उस छोटी-सी टिप्पणी में मिल सकता है, जो इस संग्रह की 'अब मगध नहीं होगा' शीर्षक कविता के आरम्भ में दी गयी है।

इस संग्रह में कुछ कविताएँ ऐसी भी दी जा रही हैं जो मूलतः कवि की डायरी से ली गयी हैं। बीच-बीच वे डायरी लिखते रहते थे और कई बार डायरी के बीच में ही मानों कविताएँ फूट पड़ती थीं। सृजनात्मक बेचैनी के ऐसे काव्यात्मक अंश उनके अन्तिम दिनों की डायरी के पृष्ठों में बिखरे पड़े हैं। इसीलिए यह उचित जान पड़ा है कि कविताओं के साथ-साथ कवि की डायरी के कुछ हिस्से भी दे दिये जायें। यह इसलिए भी आवश्यक लगा कि डायरी में व्यक्त मनोभावों के साथ इस संग्रह की कविताओं का मूल स्वर कहीं-न-कहीं मिलता है। साथ ही डायरी के कुछ पृष्ठों को पढ़कर कवि की उस पीड़ा और मानसिक उथल-पुथल का भी अन्दाज़ लगाया जा सकता है जिसके बीच इस संग्रह की अधिकांश कविताएँ रची गयी थीं।

— वीणा वर्मा

क्रम

कविताएँ

कविताएँ

बतकही

वैसे तो यह केवल बतकही है
तब भी यह सच है
कि उसने अपनी ज़िन्दगी गुज़ार दी सोचते-सोचते
क्या ग़लत है क्या सही है ?
हज़ार मारा हाथ-पैर, उबर ही नहीं पाया ।

उसने अपना जीवन गँवाया—
औरों ने कमाया ।
है ना ?

भाइयो, हमारे ही जमाने में यह हुआ,
दुन्दुभि बजाता हुआ
(निकला तो निकल ही गया—
निर्भय,
निःशंक, निर्विकार) ।

1984

नियति : मौत से डरो

(भुनभुनाता हुआ) यह कहता हुआ हत्यारा गया
यह आदमी इस काबिल नहीं था कि मारा जाय
केवल अनिर्णय में मारा गया ।

घिघिया सकता था
घिघियाया नहीं–
हथियार उठा सकता था
उठाया नहीं ।

कुछ भी बताया नहीं
जिरह भी नहीं की
चुप भी नहीं रहा ।

सहमा भी नहीं
ताव भी नहीं खाया ।
फक़त मारा गया
जाहिल नहीं था
सवाल कर सकता था
नहीं किया
जवाब दे सकता था

नहीं दिया
अपनी जगह से उठ सकता था
नहीं उठा
किसी और की जगह ले सकता था
नहीं लिया

काबिल नहीं था,
इसे मारा ही जाना था ।
कोई ऐसे मरता है ?
किसी का इस तरह मरना हत्यारे को
भी अखरता है—

इसलिए भाइयो, जिन-जिनका
नाम रजिस्टर में दर्ज़ है
उनसे मेरी अर्ज़ है—
इस तरह मत मरो ।
मौत से डरो ।

1984

बहिर्गमन

बाहर निकलो, श्रमण बाहर
प्रतिस्पर्धा है,
पुरुष है,
लम्बी कतार है–
कतार में
कौन है जो नहीं है ?
नन्द है, मुरा है, शकटार है
और चन्द्रगुप्त है
बाहर संसार है
बहरूप है
नंगी
कामाख्या है
कामरूप है
पुकार है–
अशोक नहीं है, बिम्बिसार है
बाहर निकलो श्रमण, बाहर, निकलने का
रास्ता सबको मालूम है
कितना आसान है।

1984

गरुड़

गरुड़ के विषय में सिर्फ़ सुना है
गिद्ध को देखा है
जो है
वही है

गिद्धराज आओ–
गरुड़ की बाट में आँखें पथरा चुकीं।

गरुड़ के विषय में सिर्फ़ तीन लोग जानते हैं
विष्णु, लक्ष्मी और व्यास
चौथा कोई नहीं।
(हो तो बतायें)

गिद्धराज आओ–
गरुड़ अगर था भी तो वापस नहीं आयेगा।

गरुड़ कभी था ही नहीं
गिद्ध था
जिन्होंने गिद्ध नहीं देखा

उन्हीं के सपनों में
गरुड़ मँडलाता है
मँडलाने दो
गिद्धराज आओ–
गरुड़ किसने देखा है ?

1984

मृत्यु

मृत्यु ने मुझे
मृत्यु के हवाले कर दिया है।

1984

जिसे आना चाहिए था

जिसे नहीं आना चाहिए था
आया
पतझड़
दोस्तों को देखा
निरीह होते हुए।

जिसे नहीं आना चाहिए था
आया
बैशाख
दोस्तों को देखा
पहाड़ ढोते हुए।

जिसे आना चाहिए था
नहीं आयी
वर्षा
दोस्तों को देखा
रोते हुए।

1984

छीनाझपटी

छीनाझपटी है
किसलिए ?
सुनो, भाई, सुनो
तुम्हें कभी नहीं देखा पहले छीनाझपटी में।
तुम तो सुनो।

क्या चाहते हो ?
पाने को सिर्फ कपिलवस्तु ही नहीं है
किसके लिए व्यग्र हो ?
विंध्याचल पार कभी
दक्षिण गये हो ?
लंका जल रही है।

उत्तर को लौटो
हस्तिनापुर की विधवाओं का विलाप सुन
छाती फटती है ?

श्राबस्ती, उज्जयनी, कौशल

कहीं भी जाओगे,
टूटी हुई सीढ़ियों पर
बैठी हुई विधवाएँ
पाओगे–
या फिर सन्नाटा जिसमें सिर्फ़ बरगद उगता है,
फैलता है, बूढ़ा होता है–
दाढ़ी पर हाथ फेर,
कपिलवस्तु, कपिलवस्तु जपता है।

मुड़कर देखो–
चन्द्रगुप्त गुज़र रहा है
बिम्बिसार मृत्यु से डर रहा है
प्रियदर्शी शोक में डूबा हुआ है
स्कन्दगुप्त जय–पराजय
दोनों से ऊबा हुआ है।

सब कुछ
हो चुका है
क्या होना चाहते हो ?

1984

पितामह

पितामह बाणों की शय्या पर पड़े हैं
कोई नहीं, सिर्फ़ कुछ
बचे-खुचे खड़े हैं
जो पूछते हैं,

पितामह क्यों अड़े हैं ?
निर्णय हो चुका, हार चुके युद्ध
अब तो लिखनी भी शुरू कर दी व्यास ने महाभारत
अब किस सोच में पड़े हैं
व्यास इन्हें समझाओ ।

व्यास ने कहीं नहीं कहा
कि हारने के बाद भी पक्ष मत बदलो
हार को स्वीकार करो
कुशासन पर भीष्म की तरह
मृत्यु का इन्तज़ार करो ।

व्यास ने कहीं नहीं कहा
कि युद्ध में सत्य मारा नहीं जाता
कहा होगा व्यास ने पर व्यास का

मतलब यह नहीं था कि
होता तो, यही होता

कब कहा व्यास ने कि
जो लिखता है महाभारत पक्षधर नहीं होता।

1984

अरुण इत्यादि

मैं यह समझता था कि कोई नहीं आता
आते हैं
अरुण इत्यादि

मैं यह समझता था मैं जो करता हूँ
कोई नहीं करता
करते हैं
अरुण इत्यादि

मैं यह समझता था मैं ही अभिमन्यु हूँ
और हैं
अरुण इत्यादि

मैं यह समझता था मैं ही रह गया हूँ
हैं
अरुण इत्यादि।

1984

माया

माया तू पहले मेरी थी—
उत्तमचन्द अटारीवाला
जिसने सोने के पिंजरे में
मूँगे की चिड़िया को पाला
केवल इतना ही कहता है।

वैसे तो वह चुप रहता है
क्या प्रमाण है ? है कोई
जिसने माया को
अमरचन्द के घर देखा है ?
घर उत्तमचन्द का है
या माया का घर है ?
उत्तमचन्द को इस टण्टे में
घर के बिक जाने का डर है
डर के मारे दुख सहता है
केवल इतना ही कहता है
माया तू पहले मेरी थी!

मान लिया माया उसकी थी

उत्तमचन्द की होने के पहले
किसकी थी ?
जिसकी भी हो ऱ्या कहता है
सुनो, उसे देखो
क्या वह भी
उत्तमचन्द-सा दुख सहता है ?
सहता है तो उत्तमचन्द है
                    अगर नहीं
तो यह उसकी अपनी पसन्द है ।

1984

नींद

नींद आती है, नींद छा जाती है, नींद खुलती है
नींद के अपने नियम हैं

नींद को छप्पर की तरह हाथ पर उठाये हुए
रात आती है, रात छा जाती है, रात ढलती है
रात के अपने नियम हैं।

किसी–किसी को नींद नहीं आती
कोई रात को बुलाता है
एक जागता है
दूसरा सारा दिन भागता है
एक झींकता है
दूसरा चीखता है
एक कहता है नींद हराम है
दूसरा रात का गुलाम है
एक बिस्तर पीट रहा है
दूसरा अपने पैर घसीट रहा है

एक को रात जागने के लिए छोड़ गयी है
दूसरे को रात टूटने के लिए जोड़ गयी है

नींद आती है, नींद छा जाती है, नींद खुलती है,
नींद को छप्पर की तरह हाथ पर उठाये
रात आती है, रात छा जाती है, रात ढलती है

नींद आँख खुलने पर जवाब माँगती है
रात-भर का दिन-भर का हिसाब माँगती है
नींद को बोला क्या जवाब है
रात को दिन का क्या जवाब है हिसाब है ?

नींद आँखों की किरकिरी थी, रात सिरफिरी थी ।
नींद को जब नहीं आना चाहिए था आयी, रात परायी

किसी ने नहीं कहा तो हम सही वक़्त पर आये
कोई नहीं आया सही वक्त पर

नींद के पलने
रात कितनी जल्दी आती है, रात कितनी देर से
कटती है
नींद कितनी देर से आती है, नींद कितनी जल्दी
जल्दी खुलती है ।

1984

इन्द्रजाल

मुझे मृत्यु ने दबोचा
मुँह दबाये कुछ देर खपरैल-खपरैल चलती रही।
दर्शकों ने सोचा
गया

मगर तभी मृत्यु ने बिना किसी वजह
मुझे छोड़ दिया,
छोड़ा तो क्या मुँह से गिरा दिया
दर्शकों की करुणा निराशा में बदल गयी
भीड़ छँटने लगी—
मैंने पुकारा
रुको।
मगर फिजूल!
मैंने आवाज़ दी—
अरे भई सुनो!
मगर फिजूल!

मैंने हाँक दी,
सुनो तो सही!
मगर फिजूल!

मैंने कहा—
सुनो तो भाइयो! मैं अभी
मरा नहीं हूँ
यह वही है कि मृत्यु के मुँह से
बच निकला
पर मरा नहीं है।
मगर फिजूल!
तब मैंने कहा,
रुको, अभी खेल खत्म नहीं हुआ है।
दिखाता हूँ—
रुक गये पैर।
अपने और गैर
दोनों मेरी ओर मुड़ पड़े
मैंने कहा
सबको मरना है
यह सुनते ही भीड़
मुझ पर झपट पडी

समझा, मृत्यु मुझे मरने के लिए
छोड़ गयी है।

1984

मुक्तिबोध की मृत्यु

नहीं भी होती मुक्तिबोध की मृत्यु
तो भी कोई फ़र्क नहीं पड़ता
मुक्तिबोध को मरना ही था।

सितम्बर में हुई मुक्तिबोध की मृत्यु
दिसम्बर में होती
तो भी कोई फ़र्क नहीं पड़ता
मुक्तिबोध को मरना ही था।

वहाँ तक ले आयी थी मृत्यु मुक्तिबोध को
जहाँ तक वह पहुँचे
मुक्तिबोध को मरना ही था।

पूछ रहे थे मुक्तिबोध
मृत्यु का पता
मुक्तिबोध को मरना ही था।

मृत्यु मुक्तिबोध के प्रारब्ध में थी।

1984

इस तरह नगर की नींव पड़ी

जो कहीं नहीं जा सकते थे वे वहीं रह गये कहो तो
वहीं खप गये
अकेले-दुकेले समूह में
पर वैसे अकेले–
इस तरह नगर की नींव पड़ी।

नगर में शान्ति है, नगर में सुख है, नगर मे
केवल नागरिक हैं–
जो नगर छोड़ कहीं नहीं जायेंगे, वहीं खप जायेंगे
अकेले-दुकेले या
समूह में
पर वैसे अकेले

नगर पर किसका कब्जा हो, हमको क्या ?
नगर को लेकर जो भी लड़ रहे हों, हमको क्या ?
कुछ भी हो नगर का नाम, हमको क्या ?
नगर तो है
नगर में क्या नहीं ?

नगर है, नागरिक हैं, नगरवधू हैं—
समूह में ।
इस तरह नगर की नींव पड़ी ।

1984

यहीं

यहीं बुद्ध ने भिक्षा माँगी
यहीं बुद्ध
भिक्षा माँगेंगे

यहीं
बुद्ध ने दुख को देखा
यहीं
बुद्ध
दुख को देखेंगे

यहीं बुद्ध ने मन को जीता
यहीं बुद्ध
मन को जीतेंगे।

यहीं बुद्ध ने
आँखें मूँदीं
यहीं
बुद्ध आँखें मूँदेंगे
कब आयेंगे बुद्ध ?

1984

आनन्द

आनन्द
मनुष्य न पैदा होता है
न मरता है
सिर्फ़ गुज़रता है

बेमतलब सँवरना
बेमतलब
सँवरता है।

आनन्द
मनुष्य अपनी छाया से
डरता है

तुमने
देखा है उसे
जो
इच्छा नहीं रखता
संग्रह
नहीं
करता

प्रिय है या नहीं तुम्हें ?
कुएँ में अपनी
छाया नहीं देखता
पानी
भरता है।

1984

कन्नौज में क्या नहीं ?

कन्नौज़ में क्या नहीं ?
रहने को घर है
आवागमन को सड़क है
दोनों ओर वृक्ष हैं
जो झरते अवश्य हैं
पर कौन-सा वृक्ष है
जिसके पत्ते
नहीं झरते ?

स्त्री-पुरुषों की छटा है
कोलाहल है,
हर्ष है,
किलकारी है
कन्नौज की बलिहारी है
शासकों के लिए
आमोद और प्रमोद हैं
ब्राह्मणों के लिए भोज हैं
जो इधर से गुज़रता है
गर्व से कहता है

भैया ! यह कन्नौज है !
कन्नौज में क्या नहीं ?
फिर क्यों कन्नौज खाली हो रहा है
फिर क्यों लोग
एक–एक कर, कभी–कभी सदल
कन्नौज छोड़ रहे हैं ?
क्या हुआ ?
क्या कन्नौज पर अकाल की छाया आ पड़ी ?
या पण्डितों ने कन्नौज के
भविष्य को लेकर
कुछ कहा !
ऐसा कुछ नहीं

अधूरी कविता, 1985

अवन्ती है, अवन्ती रहेगी

हैं तो अवन्ती में
गायक, मूर्त्तिकार, कवि
क्या कर रहे हैं वे ?

राजन ! कहते हैं वे
अवन्ती रच रहे हैं
यह कहकर
मृत्यु से बच रहे हैं
कि प्रक्रिया समाप्त नहीं होती
अवन्ती है, अवन्ती रहेगी।

राजन ! बात मेरी समझ में
नहीं आयी –
मिथिला क्यों नहीं थी ?
मिथिला क्यों नहीं है ?

1984

तृष्णा

तृष्णा थी जिसने तोड़ा
बसन्तसेना को
तृष्णा है, जो तोड़ेगी
बसन्तसेना को
छोड़ नहीं पायी
बसन्तसेना
तृष्णा ऐसी ही होती है –

तृष्णा से बचो –
सम्भव हो
तो,
अपने से भी
तुम भी गिड़गिड़ा रहे थे,
बसन्तसेना !
बसन्तसेना !

1984

तक्षशिला

किसी ने विरोध नहीं किया
किसी ने शिकायत नहीं की
पत्ता तक नहीं खड़का
आम्भी जा मिला।

ठीक ही तो हुआ
युद्ध टल गया
कोई मारा नहीं गया
सुनायी नहीं पड़ा विलाप
ब्राह्मणियाँ खुश हैं कि ब्राह्मणों की
दक्षिणा में कमी नहीं हुई
वैश्य जो सुखी थे सुखी हैं
क्षत्रियों को सोचने की फुर्सत ही कब मिली
अछूता नहीं रहा जब गंगाधर
क्या फ़र्क पड़ता है सलामत है तक्षशिला

ठीक ही तो हुआ
पत्ता नहीं खड़का !
आम्भी जा मिला।

1985

गंगा : स्मृति का पर्याय

भाइयो,
कवियो या न-कवियो
क्या यह सच नहीं
तुम्हारी स्मृति या तो गंगा होगी
या
नाली होगी
कविता कविता होगी
नहीं होगी
तो
गाली होगी
जो भी हो
स्मृति को लेकर
बहस मत करो
याद रखो
बहस भी तभी तक
जब तक
स्मृति है।
इसके बाद ?
मणिकर्णिका।

9 जनवरी, 1986

अश्वत्थामा

युद्ध हुआ तो मुझको ही मारा जाना है
नहीं हुआ तो मुझको ही मारा जाना है
उस युग में मुझको कहते थे अश्वत्थामा
क्या कहते हैं अब जब सबकुछ बदल गया है
अश्वत्थामा ट्रक के नीचे कुचल गया है।

1985

विदेह

तुमसे क्या कहा विदेह ने?
जानने को आतुर है, प्रजा,
क्या कहा विदेह ने?
कुछ कहा भी या नहीं?
बोलो, बन्धु, बोलते क्यों नहीं?

विदेह स्वस्थ तो हैं? सुखी
तो हैं? प्रसन्न तो हैं?
या खिन्न हैं, दुखी हैं
अस्वस्थ हैं?
प्रजा, जानने को आतुर है
कैसे हैं, विदेह।

जो हैं उनके विषय में,
जो नहीं रहे उनके विषय में?
उनका कहना अर्थ रखता है।
बोलो, बोलते क्यों नहीं?

क्या कुछ नहीं कहा विदेह ने?

क्या हाल भी नहीं पूछा किसी का
विदेह ने?
क्या यह भी नहीं कहा,
प्रजा सुखी रहे।

तो सुनो,
सच सुनना चाहते हो,
तो सुनो,
विदेह नहीं रहे।

जनवरी, 1986

अश्वघोष

बन्धु अश्वघोष
मैं समझा नहीं मतलब
मैंने जिसके चेहरे पर हँसी देखी थी
उसी को
बिलखता देख रहा हूँ,
जिसे सुना था गर्व से
कहीं,
विपुल है, सुख।
देख रहा हूँ वही
शोकाकुल
लौट रहा है।
मैं समझा नहीं मतलब।
सुनो बन्धु,
मैं अश्वघोष नहीं,
मैं वही हूँ
तुमने जिसके चेहरे पर
हँसी देखी थी,
फिर उसी को देखा बिसूरते,
जो गर्व से कहता था,

सुखी हूँ
फिर कहने लगा,
धोखा था।
मैं वही हूँ और अगर मैं अश्वघोष भी होता
तो क्या होता?

यहाँ के लोगों की यही तो खूबी है
ये सीढ़ियों पर चढ़ते हुए
हँसते है,
ठठाते है,
सीढ़ियाँ उतरते हुए
आँसू बहाते है
कभी स्वयं को
कभी सीढ़ियों को
गरियाते है।

यहाँ के लोगों का कहना है कि
यहाँ के लोगों की यही तो विशेषता है
वे जन्म लेते है, चहचहाते है,
आँखें लड़ाते है,
चौपट बिछाते
जब तक वे लिप्त हों,
कैसी विडम्बना है मित्र,
जब तक वे लिप्त हों
तब तक अवधि समाप्त,
वे चौसर उठाते है,
आतंकित होते,

घबराते हैं,
यह पूछने के बदले मैं कौन हूँ ?
वे हर आने-जानेवाले से
पूछते हैं, कौन हो तुम ? कौन ?
हड़बड़ाते हैं।
लड़खड़ाते हैं,
दरवाज़े भड़भड़ाते हैं।

अब तुम्हीं सोचो,
मैं नहीं होता अश्वघोष,
तो क्या तुमसे नहीं पूछता,
कौन हो तुम ?

जनवरी, 1986

डायरी का पन्ना - 1

(**26 सितम्बर 1985, बृहस्पतिवार / नयी दिल्ली**)

कुछ का व्यवहार बदल गया । कुछ का नहीं
बदला ।
जिनसे उम्मीद थी, नहीं बदलेगा
उनका बदल गया ।
जिनसे आशंका थी,
नहीं बदला ।
जिन्हें कोयला मानता था
हीरों की तरह
चमक उठे ।
जिन्हें हीरा मानता था
कोयलों की तरह
काले निकले ।

सिर्फ अभी रुख बदला है, आँखें बदली हैं,
रास्ता बदला है ।
अभी देखो
क्या होता है,
क्या-क्या नहीं होता ।

अभी तुम सड़कों पर घसीटे जाओगे,
अभी तुम घसियारे पुकारे जाओगे,
अभी एक-एक कर
सभी खिड़कियाँ
बंद होंगी
और तब भी तुम अपनी
खिड़की खुली
रखोगे,
इस डर से कि ज़रा भी अपनी
खिड़की बंद की तो
बाहर से एक पत्थर,
एक घृणा का पत्थर,
एक ईर्ष्या का पत्थर,
एक हीनता का पत्थर,
एक प्रतिद्वन्द्विता का पत्थर,
एक विस्मय का पत्थर,
एक मानवीय पत्थर,
एक पैशाचिक पत्थर,
एक दैवी पत्थर,
तुम्हारी खिड़की के शीशे तोड़कर जायेगा
और तुम
पहले से अधिक
विकृत नज़र आओगे,
पहले से अधिक
बिलखते-बिसूरते दिखायी पड़ोगे,
जैसा तुम नहीं दीखना चाहते
दिखायी पड़ोगे।

यह कोई पहली बार नहीं है
जब तुम्हें मार पड़ी है
कम-से-कम तीन तो
आज को मिलाकर
हो चुके,
मतलब है तीन बार,
मार ।
और ऐसी मार कि तीनों बार
बिलबिला गया –
निराला की कविता याद आती है
"जब कड़ी मारें पड़ीं,
दिल हिल गया ।"

पेरिस में स्त्रियाँ

पेरिस में स्त्रियाँ है, चारों ओर,
उपभोग्या स्त्रियाँ,
और पुरुष का आहार करनेवाली स्त्रियाँ,

वे स्त्रियाँ कहीं गयीं नहीं हैं,
वे यहीं हैं
पिगॉल में, मोलारुज़ में
साँ एल्जि में
पेरिस के प्रत्येक कहवाघर में,
सड़क पर,
बॉर में,
टबक में,
पेरिस में ।

पेरिस में सिर्फ़ स्त्रियाँ हैं,
स्त्रियाँ कविताएँ हैं,
स्त्रियाँ,
पिकासो की घनाकार,
घूमती,

थिरकती,
बैठी हुई स्त्रियाँ हैं,

स्त्रियाँ हैं,
इसलिए पेरिस है,
पेरिस है,
इसलिए स्त्रियाँ हैं,
स्त्रियाँ
स्त्रियाँ हैं ।

3 जुलाई, 1985 / पेरिस

लन्दन से क्या वास्ता

जैन ऑस्टन
शार्लेट ब्राण्ट,
थैंको
चार्ल्स डिकेंस के उपन्यास
मैं इन तमाम उपन्यासकारों और
कवियों की रचनाएँ
पढ़ता,
बड़ा हुआ।
ज़रा-सी झलक, और स्मृतियाँ
हरी हो जाती हैं,

वर्तमान को झेल सकना
दिन-ब-दिन
कठिन होता जा रहा है,
मैं अपने बचपन में
जवानी के दिनों में
अतीत में
वापस लौट जाना
चाहता हूँ।

मैं रंग-रूप-गंध को अपने
जीवन में पुनर्स्थापित
करना चाहता हूँ,
मैं उन दिनों को लौट जाना चाहता हूँ,
जब
दिन कट जाते थे
धूप में पढ़ते-पढ़ते,
रातें,
किस्से गढ़ते-गढ़ते।

मैं,
अब घर जाना चाहता हूँ।
लन्दन से क्या वास्ता?
वास्ता है–
उन पात्रों, चरित्रों, दृश्यों से
जो मेरे मन में
घूम रहे हैं
आज लन्दन की बारिश में
उस सबकी,
जो पढ़ा है
याद ताज़ा हो आयी।

4अक्टूबर, 1985/ लन्दन

डायरी का पन्ना - 2

(3 नवम्बर, 1985,नयी दिल्ली)

राजनीतिज्ञों ने मुझे पूरी तरह भुला
दिया।
अच्छा ही हुआ।
मुझे भी उन्हें भुला देना चाहिए।

बहुत-से मित्र हैं, जिन्होंने आँखें फेर
ली हैं,
कतराने लगे हैं—
शायद वे सोचते हैं
अब मेरे पास
बचा ही क्या है?

मैं उन्हें क्या दे सकता हूँ?
और यह सच है
मैं उन्हें कुछ नहीं दे सकता।
मगर कोई मुझसे
मेरा 'स्वत्व' नहीं छीन सकता,
मेरी कलम नहीं छीन सकता

यह कलम
जिसे मैंने राजनीति के धूल-धक्कड़ के बीच भी
हिफ़ाजत से रखा,
हर हालत में लिखता रहा—

पूछो तो इसी के सहारे
जीता रहा,
यही मेरी बैसाखी थी,
इसी ने मुझसे बार-बार कहा,
'हारिये न हिम्मत बिसारिये न राम।'
हिम्मत तो मैं कई बार हारा
मगर राम को मैंने
कभी नहीं बिसारा।
यही, मेरी कलम,
जो इस तरह मेरी है कि किसी और की
नहीं हो सकती
मुझे भवसागर पार करायेगी—
वैतरणी जैसे भी
हो,
पार कर ही लूँगा।

सुन्दरता से साक्षात्कार

अब तो उतार दो
यह चेहरा—
मनहूस चेहरा
अब तो
हो जाओ
वह
जो इस सबके पहले तुम थे,
पेरिस की निर्वसन प्रतिमा की तरह—
सीन में मैंने
सबसे पहले 1960 में अपना चेहरा
देखा था,
सबसे पहले क्यों,
एक बार,
पहली बार,
क्योंकि उसके बाद
कभी नहीं देखा वह चेहरा
जो मेरा था।
किसी और का नहीं,
मैंने ही देखा था
वह चेहरा

जो उन तमाम चेहरों को देख रहा था
जो मलार्मे, बॉदलेयर, इम्बो,
अपोलिनोयर की कविता से
झाँक रहे थे,
जो बोला और बॉलज़क के उपन्यासों में
जड़े हुए थे,

जो लूव्र में, कैद थे,
वे चेहरे
जिन्हें भुला नहीं पाया—
भुला पाता
तो पेरिस क्यों आता।

बार-बार आता हूँ
ढूँढ़ता हूँ
शायद नहीं ढूँढ़ता
तब फिर क्यों
आता हूँ
दोहराता हूँ।

मैंने ही तो लिखा था,
जो आता है
सिर्फ़ दोहराता है
मित्रो!
तुम सिर्फ़ अपने को दोहरा रहे हो
अन्यथा,
कहाँ से आ रहे हो,
कहाँ जा रहे हो ?

22अक्टूबर, 1985/ पेरिस

किसे पुकारूँगा

जो भी
अपने अन्दर झाँकेगा
घबरायेगा, सिर
चकरायेगा—
अन्दर एक भयानक कुँआ है, बावड़ी है,
रसातल है,
अथाह अन्धकार है—
जो भी
भविष्य की सोचेगा,
हाथों-पैरों में लकवा
मार जायेगा

भविष्य में
ज़रा से फासले पर मृत्यु है—
मृत्यु की, कवियों ने, कितनी
कल्पनाएँ की हैं,
मगर सबका सुख रोमाण्टिक—

मृत्यु भयानक है,

जीवन का अन्त है,
माया ही सही,
मगर कितना लुभावना, कितना सरस,
निरर्थक होते हुए भी, सार्थक है,
यह संसार ।

मगर कैसे न सोचूँ
चाहकर भी तो भुला नहीं पाते
हम भविष्य को,
अपने आप को ।
इसलिए
तैयार रहो,
आगे और भी चकरायेगा सिर,
आगे
और भी निहत्थे, निःसंग
निर्बल होते जाओगे—

किसे पुकारूँगा
कौन आयेगा ?

18 अक्टूबर, 1985 / **न्यूयॉर्क**

डायरी का पन्ना– 3

(**16 नवम्बर, 1985** / शनिवार / नई दिल्ली)

ऑक्टेवियो पॉज़ के लिए हम सब इकट्ठा हुए, मेरे घर। अज्ञेयजी ने कहा, तीन कवि मिलकर एक कविता लिखें। कविता लिखी गयी। अज्ञेय, ऑक्टेवियो पॉज़ और मैं। शुरुआत पॉज़ ने की थी। फिर अज्ञेयजी ने लिखा, फिर मैंने। फिर इसी क्रम में :

1. "मैत्री नदी है, मैत्री मुद्रिका है।" (पॉज़)

2. "नदी मुद्रिका में से बहती है
मुद्रिका नदी का द्वीप है।" (अज्ञेय)

3. "नदी के पहले नदी होती है, नदी के बाद
सिर्फ़ नदी।" (श्रीकान्त वर्मा)

4. "पहले और बाद : इसी भेद को
मैत्री मिटाती है।" (अज्ञेय)

5. "कैसे मिटेगा ? मुद्रिका काल के हाथों
लेती है आकाश।" (पॉज़)

6. मैत्री काल को मिटाती है। मुक्त करती है।
मैत्री नदी है : बहती है : कगारें बनाती है।" (अज्ञेय)

7. "हम स्मृति और विस्मृति के बीच जीते हैं,
यह क्षण अविराम समय पर
धावा करता हुआ द्वीप है।" (पॉज़)

8. बालू पर ढूँढते अपने पगचिन्ह
चीखते हैं लोग, नदी, ओ नदी,
नदी, तुम कहाँ हो ? (श्रीकान्त वर्मा)

मुझे क्षमा करो

मैं जीवन-भर बेवजह झूठ बोलता रहा,
अपने विवेक के विरुद्ध किया,
स्वयं पर भरोसा न कर, औरों के आगे गिड़गिड़ाता रहा—
मैं खुद को एक गिरा हुआ आदमी
मानता हूँ,
मगर कुछ लोगों को देखकर मैं हैरत में पड़ जाता हूँ,
उनके गिरने की कोई सीमा ही नहीं
वे हत्यारे ही नहीं,
चोर, उचक्के, डकैत,
होमोसैक्चुअल,
हेट्रोसेक्चुअल,
रेपिस्ट हैं,
उनके जीवन में सत्य का,
पश्चाताप् का एक क्षण
नहीं आया
और वे सब-के-सब, राजनीति में हैं—
जब मैं उन्हें देखता हूँ
तो कहता हूँ,
मैं उनसे बेहतर हूँ

मगर यह कहना कितना बेमतलब है—
क्या हम गिरे हुओं से अपनी
तुलना कर स्वयं को उठा हुआ
करार देंगे,
मैं बौनों के कन्धों पर चढ़कर
महान नहीं होना चाहता,
मित्रो,
मैं महानों के चरणों पर गिरकर कहना चाहता हूँ—
मैं अधम हूँ,
मुझे क्षमा करो।

19 नवम्बर, 1985

काशी के पण्डित

काशी के पण्डित काशी के पण्डित हैं, जोड़ नहीं
अब देखो न,
व्याख्या कर डाली धर्मयुद्ध की ।

पहले की जाती तो क्यों मारा जाता दुर्योधन ?
क्यों कर्ण ?
मैं पूछता हूँ लिखा ही क्यों जाता महाभारत ?

जो भी, जैसी भी हो,
साफ कहे देता हूँ नगरवासियो, देशवासियो –
मुझे स्वीकार्य नहीं
व्याख्या धर्मयुद्ध की ।

अब कैसा धर्मयुद्ध, निहत्थों पर जिसमें
हथियार नहीं उठेगा ?
तब किस पर उठेगा हथियार!
निहत्थों पर उठने के लिए ही
बने हैं हथियार ।

1985

गान्धार

गान्धारों में से एक हुई थी
गान्धारी
जिसे दीखता था सबकुछ
सिर्फ़ नहीं दीखता था गान्धार
यद्यपि गान्धार
हस्तिनापुर से इतनी दूर नहीं
कि हस्तिनापुर जहाँ
चर्चा होती है हरेक की
गान्धार की न चर्चा हो, न पूछ, न व्यवहार।

सच तो यह है कि
सभी की आँखों में जलन थी
एक ने देखा दूसरे को
और दूसरे की आँख सुलग उठी
दूसरे की नहीं तो पहले की
सभी की आँखों पर
मकड़ी का जाल था
वैसे यह सच है कि कोई
अन्धा न था

और यह भी कि उन्हें
हस्तिनापुर भी नहीं दीखता था।

और अगर आया भी कभी
प्रसंग गान्धार का तो
लोगों ने कन्धा उचकाया
कहाँ है गान्धार ?

तब भी क्या वे
वही नहीं करते
जो उन्होंने किया
स्वयं और
दूसरों के साथ ?

मित्रो,
हस्तिनापुर के साथियो,
अगर पूछोगे
कहाँ है गान्धार ?
तो कभी-न-कभी
मिलेगा उत्तर
हस्तिनापुर में।

आज नहीं उस दिन जानोगे
तुम, कहाँ है गान्धार
जब यह अनुभव होगा
हस्तिनापुर के लिए
व्यर्थ है विलाप
कोई नहीं सुनता
पुकार।

1985

मगध में सन्नाटा

महाराज बधाई हो – कोई नहीं रहा –
किसी को नहीं बख़्शा काल ने
श्रावस्ती की कोख उजड़
चुकी,
कोसाम्बी विधवा की तरह
सिर मुँडाये
खड़ी है

कपिलवस्तु फटी–फटी
आँखों से
सिर्फ़ देख रहा है
अवन्ती
निर्वसन है
काशी में शवों का हिसाब हो
रहा है
और मगध में ?
मगध में सन्नाटा है ।

क्षमा करें
महाराज
आप नहीं समझेंगे
यह
कैसा सन्नाटा है।

1984

मणिकर्णिका के नीचे मणिकर्णिका मिलेगी

क्यों कराह रहे हो ?
कोई उपचार तुम्हें मणिकर्णिका से
नहीं बचा सकता।
क्यों भूलने की कोशिश कर रहे हो ?
कोई भी विस्मृति
यथार्थ पर पर्दा नहीं डाल सकती।
क्यों फावड़ा लेकर
खोद रहे हो मणिकर्णिका ? क्यों
चिल्ला रहे हो,
मैं रहने नहीं दूँगा
तुझे,
मणिकर्णिका ?
व्यर्थ है,
मित्रो
व्यर्थ।
मणिकर्णिका के नीचे
मणिकर्णिका
मिलेगी
और उसके भी नीचे

मणिकर्णिका,
हम खोद ही तो रहे हैं
तबसे हमने सीखा है
फावड़ा
चलाना
जब से यह जाना
कि
शव है
हर बार पाया
मणिकर्णिका।

9 जनवरी, 1986

1जनवरी, 1986 बुधवार / नयी दिल्ली ।
'मगध' की रचना के डेढ़ साल बाद आज
साल के पहले दिन लिखी गयी, मेरे अगले
कविता-संग्रह की भूमिका ;
बशर्ते कविताएँ लिखी गयीं ।

अब मगध नहीं होगा

जो आगे निकल गये
हँसते है,
मगध पीछे रह गया ।
जो पीछे रह गये
हाँफते हैं,
आगे है, मगध, अभी
आगे है ।

मगध हो चुका ।
मगध को होना है ।
मगध था ही नहीं ।
मगध कैसे होगा ?

तो क्या हुआ ?
यह भी सम्भव है
मगध हो रहा हो,
हमीं बेख़बर हैं।

और यह भी
तो सम्भव है
मगध भुला दिया जाय

और भी तो हैं –
देखो तो अवन्ती
कैसी सजी हुई है!
है न ?

और चम्पा ?
चम्पा का क्या कहना!
शान ही निराली है
देखो, देखो, देखो
देखो ?
वैशाली है!

मैंने कहा था
सिर्फ़ आम्बपाली है।
सच नहीं है।

और भी हैं।
भूल जाओ।
कभी सोचा है तुमने

रात आज उतनी ही काली है,
जितनी कल थी ।

मगध पर मगध, पर मगध, पर मगध की
तह जम चुकी है
अब मगध नहीं होगा
जो होगा
मगध नहीं होगा

स्मरण नहीं ?
क्या कहा था चन्द्रगुप्त ने
सब होगा, मेरे बाद,
सिर्फ़ चन्द्रगुप्त
नहीं होगा ।

शिव जो स्मरण आते हैं और शिव जो स्मरण नहीं आते

मित्रो
मत भूलो,
शिव अकेले हैं
जिनमें
ज़हर पीने की क्षमता है
और जो
पिये जा रहे
हैं
ज़हर ।

तुमने पिया है, ज़हर ?
तो पियो,
तुम पाओगे
तुम्हीं हो शिव

सच तो यह है
मित्रो
ज़हर पीकर भी
सभी शिव नहीं होते

और यह कि
ज़हर पिये बिना
कोई
शिव नहीं होता।

9जनवरी, 1986

डायरी का पृष्ठ - 4

(शुक्रवार, 4 जनवरी, 1985 / नयी दिल्ली)

अभी तुम पर न जाने कितनी मुसीबतें
आयेंगी ।
अभी तुम पर न जाने कितने पहाड़
टूटेंगे।
अभी तुम स्वयं को न जाने कितना
कोसोगे ।
अभी तुम न जाने किस-किसको दोषी ठहराओगे ।
अभी न जाने कितनी बार प्रतिज्ञाएँ करोगे,
शपथ उठाओगे और उन्हें भंग करोगे,
हलफनामें जलाओगे,
अभी न जाने कितनी बार सिसिफसब
की तरह ऊपर जाने की कोशिश
करोगे, लुढ़कोगे, अपने पंख
झुलसाओगे ।
अभी न जाने कितनी बार उद्यम
करोगे और नतीजा नहीं
निकलेगा ।

अभी न जाने कितनी बार पाप के दलदल
में फँसकर छटपटाओगे, उबरोगे
और पाओगे कि तुम एक और
दलदल में आ पहुँचे।
अभी न जाने कितनी बार
मरणान्त पीड़ा से गुज़रोगे,
हर बार मृत्यु से बच निकलोगे और
इसके पहले कि राहत की साँस लो या
कहो, धन्यवाद, एक और मरण
हाथ में कँटीले गुलाब की तरह प्रश्नचिन्ह
लिये आ खड़ा होगा और कहेगा, लो
यह रहा मैं।

तुम इसी की तो प्रतीक्षा कर रहे हो
यह दिन कभी नहीं आयेगा।

1985

इन्द्रजाल

श्रावस्ती नगर में देवदत्त ब्राह्मण
मारा गया

यवन नहीं
शूद्र नहीं
दस्यु नहीं,
देवदत्त ब्राह्मण देवदत्त ब्राह्मण के हाथों
मारा गया

दोनों देवदत्त थे
दोनों ब्राह्मण थे
दोनों सहोदर थे
दोनों विधुर थे
देवदत्त घर से निकलता था
घर में रहता था

देवदत्त को देवदत्त
देवदत्त देवदत्त को
देवदत्त
कहता था।

एक दिन देवदत्त बोला देवदत्त से
कुँए में पुकारता हूँ

देवदत्त,
देवदत्त ! देवदत्त कुँआ
देवदत्त तू एक कुँआ है सिर्फ गूँजता है

देवदत्त
कुँआ है या देवदत्त
निर्णय को
कुँए में उतर गया

कभी देवदत्त, कभी कुँआ पुकारा गया

श्रावस्ती नगर में
देवदत्त
देवदत्त देवदत्त था या कुँआ ?
1984

डायरी के कुछ पन्ने

वर्ष : 1972

11 जनवरी, 1972

मैंने डायरी लिखना दूसरी बार शुरू किया है। पहली बार, दस साल पहले, 1962 में मैंने डायरी लिखने का प्रयत्न किया था। कुछ दिनों तक चलने के बाद क्रम टूट गया।

उन दिनों मैं एक भयानक मानसिक संकट से गुजर रहा था। जिन्दगी बेमानी लगती थी। चारों तरफ अन्धेरा था।

आज फिर मेरे चारों ओर अन्धेरा है, पहले से कुछ अधिक। आज मैं जिस संकट से गुजर रहा हूँ, वह सम्पूर्ण संकट है – बौद्धिक और आध्यात्मिक। बहुत हद तक मेरे व्यक्तित्व (आइडेन्टिटी) का संकट है।

दस साल पहले मैंने अपने संकट को सुलझाने के लिए एक के बाद एक कई फैसले लिये थे। मुक्ति का अहसास हुआ था, मगर यह अहसास झूठा था। मैंने जिन्दगी में जो फैसले लिये आज लगता है, वे गलत थे।

मैं आज पहले से अधिक पराधीन हूँ। पराधीनता अपने आप में कोई चुनौती नहीं। यह अहसास कि मैं पराधीन हूँ, वास्तविक चुनौती है। और यह अहसास कि मैं अपनी नियति को बदल सकने में असमर्थ हूँ, और भी तकलीफदेह है।

1 फरवरी, 1972

मैं पिछले कुछ महीनों से सिगरेट छोड़ने का प्रयत्न कर रहा हूँ।

सिगरेट के परिणामों के बारे में सोचकर भय होता है। इन दिनों यह भय बराबर बना रहता है। भय के कारण कुछ भी कर पाना, लिखना, पढ़ना असम्भव हो जाता है।

बीच-बीच में कई बार दो-एक दिनों के लिए छोड़ चुका हूँ। किसी-न-किसी बहाने फिर शुरू हो जाती है।

इस बार एक अजीब बात हुई।

दो दिन पहले मैंने सिगरेट छोड़ने का फैसला किया। चौबीस घण्टे नहीं पी। दफ्तर पहुँचते ही सिगरेट पीने की इच्छा हुई। एक सहयोगी से माँगकर पी। घर लौटा। बाजार से सिगरेट नहीं ली। बिना सिगरेट एक दिन और गुजारा। दूसरे दिन बाहर निकला तो घर से डर लगने लगा। लगा घर लौटूँगा तो एक विशाल सूनेपन से सामना करना पड़ेगा।

दिन भर अपने से लड़ता रहा। शाम सिगरेट का पैकेट खरीदा। घर लौटा। लगा अब इतना सूना नहीं लगेगा।

एक बार फिर अपने प्रयास में हार गया। अब अपनी इच्छा पर काबू करने के लिए मैंने एक और उपाय सोचा है। अगले सप्ताह चार-पाँच दिनों की छुट्टी लूँगा। घर में एक भी सिगरेट नहीं होगी। पाँच दिनों में सिगरेट की इच्छा काफी हद तक मर चुकी होगी। इस इच्छा पर फतह कर ही बाहर निकलूँगा।

3 फरवरी, 1972

सुबह मुझे दस्त के साथ थोड़ा सा खून गया। कुछ कमज़ोरी लगी। पहले भी – छह महीने पहले ऐसा हुआ था। डाक्टर ने कहा था, कोई खास बात नहीं, पेट की गर्मी से ऐसा हो जाता है।

मगर मैं अपने बारे में एक शक्की आदमी हूँ। मुझे स्वयं को लेकर, खासकर शरीर को लेकर, तरह-तरह की शंकाएँ हुआ करती हैं – पिछले दस वर्षों से यही क्रम है। कभी कैंसर, कभी दिल के दौरे, कभी कुछ और का सन्देह होता रहता है।

आज सारा दिन मुझे लगता रहा मेरे पेट में घाव (अल्सर) है। और दिन, नरक का एक लम्बा दिन रहा। मृत्यु के भय ने मुझे पूरी तरह दबोच लिया।

मृत्यु का मुझे शारीरिक भय उतना नहीं होता जितना नैतिक। मुझे लगता है मैंने अपनी पारिवारिक जिम्मेदारियाँ पूरी नहीं कीं ;यदि अकस्मात मेरी मृत्यु हो गयी तो वीणा और मण्टू का क्या होगा? फिर यह ख्याल कुछ तसल्ली देता है कि मैंने 50,000/- का बीमा करा रखा है।

मुझे मृत्यु के इस भय से, इस नैराश्य से उबरना चाहिए। और मैं इसके लिए कुछ योजनाएँ बना रहा हूँ।

12 अगस्त, 1972

सवेरे आँख खुलते ही अखबार में पढ़ा, पालम के नज़दीक विमान-दुर्घटना में मिनी माता नहीं रहीं।

दिल और दिमाग का अपने सम्बन्धियों, स्नेहियों की मौत से जरूर कोई रिश्ता होता है। रात मुझे तीन बार कै हुई और घबराहट का अनुभव हुआ। यह सब आधी रात के करीब हुआ,

ठीक उसी समय मिनी माता की मौत हुई होगी। ऐसा मेरे साथ पहले भी हुआ है। जब भी जीवन में कोई दुर्घटना होने को होती है, मन आशंकाओं, डरावने सपनों से घिर जाता है।

सुबह से लेकर दोपहर तक हम दुर्घटना–स्थल पर मिनी माता के शव की तलाश करते रहे। लगभग दो बजे दिन को उनका शव मिला। शरीर कमर के पास से दो टुकड़ों में बँट गया था। सिर और चेहरे की जगह खोपड़ी का एक टुकड़ा और कुछ दाँत थे। पहचान उनकी कलाई के गोदने से की जा सकी। शरीर के नाम पर मांस का एक लोथड़ा मिला।

विमान के सारे यात्री मारे गये थे। ऐसा भयानक दृश्य मैंने कभी नहीं देखा। चारों ओर, आसमान में, गिद्ध कौए उड़ रहे थे। रात–भर जंगली जानवर इन शवों को खाते रहे थे। विमान परिचारिका की साड़ी का एक टुकड़ा एक पेड़ की शाखा पर झूल रहा था। लगता है दुर्घटना के बाद यात्रियों के शरीर दूर–दूर तक जा उड़े। कोई भी शव साबुत नहीं था।

जिन्दगी पर मौत की यह अजीब विजय है।

13 अगस्त, 1972

मिनी माता का अन्तिम संस्कार आज दिल्ली में विद्युत् शव–दाहगृह में कर दिया गया।

मेरे जीवन का एक अध्याय, शायद सबसे कीमती अध्याय, समाप्त हुआ। कितनी यादें मिनी माता के साथ जुड़ी हुई हैं।

1956 में दिल्ली आया था। मिनी माता ने न केवल रहने को जगह दी, बल्कि एक ऐसी शक्ति दी जिससे कि मैं इस कठिन नगर में, कठिन समय में भी, बना रह सका। 1958 में 'भारतीय श्रमिक' बन्द हो गया और मैं बेरोजगार हो गया। पाँच साल बेकार रहा। हर तरह की मानसिक, आर्थिक, बौद्धिक विपत्तियाँ आयीं। मिनी माता की मदद के बिना इनमें से एक का भी सामना सम्भव नहीं था। कहना चाहिए कि मिनी माता ने मुझे पुनर्जीवन दिया। मैं नष्ट हो चुका था। मुझे जरख से मनुष्य बनाया।

मिनी माता की मृत्यु नहीं हुई, मैं ही मर गया हूँ।

कितने इंसानों से मुलाकात हुई, कुछ हैवान साबित हुए, कुछ दगाबाज। मिनी माता अकेली थीं, जिन्होंने मुझे ठीक–ठीक समझा, मेरी कद्र की, मुझे हर बार मौत से बचाया, जो मुझे मृत्यु से छुड़ाकर लाया, आज मैं उसी का दाह कर लौटा हूँ।

4 दिसम्बर, 1972

मोहन राकेश नहीं रहे। कल शाम हृदयगति रूक जाने से उनकी मृत्यु हो गयी।

लगता नहीं कि मोहन राकेश नहीं रहे। गुस्से में भरकर सभा से वाक आउट कर जाना उनकी आदत थी। ऐसा लगता है जैसे वह वाक आउट कर गये हैं।

31 दिसम्बर, 1972

यह सारा वर्ष संघर्ष और निराशा में गुजरा। कई दोस्त और आत्मीय, गोर्डन रोडरमल, मोहन राकेश, मिनी माता, बिछुड़ गये।

मुझे स्वयं बीमारियाँ हुईं। 'दिनमान' ने बराबर परेशान किया। रघुवीर सहाय की बराबर यह कोशिश रही कि ऐसी परिस्थितियाँ उत्पन्न हों कि मैं छोड़कर चला जाऊँ। यह अलग बात है कि इसमें उन्हें अब तक कामयाबी नहीं मिली है।

नया साल कल शुरू हो रहा है। देखा जाये, भविष्य के गर्भ में मेरे लिए क्या है।

वर्ष : 1973

4 जनवरी, 1973

डाक्टर की सलाह पर मैं सुबह सैर को जाने लगा हूँ।

यह एक दूसरी ही दुनिया होती है। रौशनी कुछ और होती है, छायाएँ कुछ और होती हैं। सब कुछ फैटेंसी की तरह नज़र आता है। छाया और प्रकाश के लीलामय संसार में इक्का-दुक्का भागते हुए प्राणी स्वप्नलोक के प्राणी लगते हैं। सारे वातावरण पर प्रकृति हावी होती है। मनुष्य उस समय निद्रालोक से बाहर आ रहा होता है और प्रकृति उसका स्वागत करती स्वयं जैसे विदा ले रही होती है।

फिर वही दिनचर्या आरम्भ होगी ; फिर वही छलावे, वही धक्का-मुक्की, वही पुकार, वही हंगामा, वही बेमतलब आवाजें।

जब पौ फटती है तब लगता है संसार में पहली बार सवेरा हो रहा है। मगर थोड़ी ही देर में यह संसार एक पुरानी, बासी दुनिया में बदल जाता है।

26 जनवरी, 1973

गणतन्त्र दिवस ! कितना बड़ा षड़यन्त्र है, गरीब जनता के विरुद्ध ! आजादी को पच्चीस साल हो गये, मगर आजादी का दिखावा है, वास्तविक आजादी नहीं।

जश्न ! समारोह ! भारत से अधिक समारोही देश कोई नहीं। समारोह में किसी को अकेले होने का वक्त नहीं होता। समारोह की असलियत पर विचार करने की फुर्सत से उसे वंचित कर दिया जाता है, उसे शामिल कर दिया जाता है। भारतीय व्यवस्था कितनी चतुर रही है।

वर्ष : 1984

6 जनवरी, 1984

आज सवेरे केन्द्रीय हिन्दी समिति ने अपनी बैठक में मेरा यह सुझाव मान लिया कि हिन्दी की पाठ्य-पुस्तकों में उर्दू के शायरों और अदीबों की भी रचनाएँ पढ़ायी जायँ।

उर्दू और हिन्दी के बीच की दीवार चाहे वह लिपि का फर्क हो या फारसी और उर्दू का फासला-नकली है।

क्या सिर्फ़ फारसी की भरमार से एक भाषा उर्दू और संस्कृत की बहुलता से वही हिन्दी बन जाती है? उर्दू और हिन्दी का बहुत-सा साहित्य ऐसा है, जिसमें न फारसी का कठमुल्लापन है न संस्कृत की पण्डागिरी। उसे हम किस भाषा का साहित्य कहेंगे? एक फारसी में लिखी गयी है, दूसरी देवनागरी में। मगर देवनागरी में लिखे को फारसी में लिख दिया जाय और फारसी में लिखे को देवनागरी में, तो कोई अन्तर नहीं पड़ेगा।

हिन्दीवालों का यह कहना कि उर्दू कोई भाषा नहीं, उतना ही भ्रामक है, जितना उर्दूवालों का यह कहना कि हिन्दी कोई भाषा नहीं। सच्चाई यह है कि दोनों में से कोई भी उसी हद तक भाषा है, जिस हद तक वह एक समान स्रोत से शब्द ग्रहण करती है। इस अर्थ में आधुनिक हिन्दी गद्य और कविता सही अर्थ में भाषा है, उन्होंने एक समान क्षेत्र से शब्द ग्रहण किये हैं। शब्द हवा में नहीं पकड़े जाते। वे एक विशेष अनुभवलोक से आते हैं। आधुनिक हिन्दी कवि-कथाकार का अनुभवलोक इस अर्थ में पूरी तरह सिक्युलर है।

16 जनवरी, 1984

आज मेरे विवाह को 17 पूरे हुए। क्या कहा जायेगा – विवाह की 18 वीं वर्षगांठ है। मगर यह बात मुझे याद नहीं आयी – वीणा ने याद दिलाया।

एक अर्से बाद, यानि कुछ ही वर्षों में विवाहित होने का अहसास जाता रहता है। 'थ्रिल' समाप्त हो जाता है – रस्मअदायगी रह जाती है। या यह कहा जाय तो ज्यादा सही होगा कि विवाह एक ऐसी संस्था है, जिसमें थ्रिल नहीं होता। शायद यह संस्था बनायी ही गयी है, आदमी का डंक निकालने के लिए।

देअर ऑर मोर प्रिक्स दैन फिक्स।

30 जनवरी, 1984

कविताएँ बहुत वर्षों से रुकी पड़ी थीं या अन्दर कहीं दबी पड़ी थीं। अब वे निकल पड़ी हैं – अनायास।

मैं रोज़ कविताएँ लिख रहा हूँ। एक नये संस्कार को ढूँढ़ निकाल रहा हूँ, दूसरों के लिए।

अवन्ति, मालवा, उज्जयिनी, क्षिप्रा, चम्पा, काशी, कोशाम्बी, कपिलवस्तु, कोसल, कलिंग, वैशाली, आम्रपाली, वासवदत्ता, वसन्तसेना, चन्द्रगुप्त, बिम्बसार, अशोक, अजातशत्रु – पात्रों, चरित्रनायकों, नगरों, स्मृतियों का एक रेला है जो चला आ रहा है, एक भीड़ है, जो उमड़ी पड़ रही है। यहीं हैं मेरी कविताएँ। इनका मुख्य सरोकार है, मृत्यु, संहार, नैतिक क्षय। इन कविताओं का एक संग्रह दो महीनों के भीतर तैयार कर दूँगा – जिस रफ्तार से लिख रहा हूँ, उससे तो अभी यही लगता है।

पुस्तक का नाम होगा, 'मगध'। मैं जानता हूँ, मगध क्या है? कालातीत काल।

4 फरवरी, 1984

स्वाधीनता के विषय में मैं बारबार, बराबर बरसों से सोचता रहा हूँ।

कम-से-कम एक बात तय है। सुबह से शाम तक, धूप ढलने तक, धूप में, बगीचे में बैठा रहा हूँ, लिखूँ या पढ़ूँ, या जो भी करता रहूँ – मगर इस सारे दौरान न कोई मुझे पुकारे, न कोई मेरे एकान्त में प्रवेश करे। मेरे लिए इससे बड़ी स्वाधीनता और कुछ नहीं।

रचना, महान रचना, सिर्फ इसी शर्त पर हो सकती है कि कोई शर्त नहीं।

9 फरवरी, 1984

दो महीनों में मुझे तीसरी बार डायरिया हुआ। यह सब हर रोज ड्रिंक का परिणाम है।

जो भी हो, अब भविष्य में शराब नहीं पिऊँगा। जैसे सिगरेट छोड़ दी, वैसे शराब भी नहीं छुऊँगा। वैसे भी यह समय का अपव्यय है। शाम का समय बेहतर कामों में लगाया जा सकता है।

मुझे अभी जीवन में बहुत कुछ करना है। लिखना है। जिसे लिखना है, उसे शराब छोड़नी होगी।

शराब पीकर हम उम्दा बहस कर सकते हैं, शराब पर एक से एक बढ़िया, नायाब शेर प्रस्तुत कर सकते हैं, अच्छा लिख नहीं सकते।

कम-से-कम अपने लिए मैं यह बात सही मानता हूँ।

22 फरवरी, 1984

फेलिक्स कुजनेत्सोव सोवियत लेखक संघ के प्रथम सचिव हैं। सोद्रोफ कवि, हिमालय पर लिखा है। और मरियम सेल्गेनिक भारतीय लेखकों की पुरानी परिचिता, दुभाषिया और अध्येता।

कल शाम घर पर उन्हें तथा कुछ भारतीय लेखकों को आमंत्रित किया।

रूसियों से साहित्य पर चर्चा से एहसास हुआ कि रूसी समाज में एक अनोखा परिवर्तन आया है। अब वे कठमुल्ला साहित्य को स्वीकार करने को कतई तैयार नहीं।

मार्क्सवाद पर भी उन्होंने नये सिरे से चिन्तन आरम्भ किया है।

कुजनेत्सोव ने मुझसे कहा कि मार्क्सवाद एक व्यापक और उदार विचार-सौरभ है। एक तरह से वह वही है, जो भारतीय आध्यात्मिकता।

कुजनेत्सोव की बात सही भले ही न हो, मगर मार्क्सवाद को एक आध्यात्मिक पद्धति के रूप में देखना ही, सोवियत समाज में एक नयी शुरूआत है।

6 जून, 1984 / गुएल्फ, कैनेडा

आज अपराह्न 'हिन्दी समिति' का समारोह मेरी अध्यक्षता में गुएल्फ विश्वविद्यालय में आरम्भ हुआ।

तीन आलेख पढ़े गये, पहला विद्यानिवास मिश्र का, आधुनिक हिन्दी साहित्य के सरोकारों पर, दूसरा राजेन्द्रसिंह का, हिन्दी भाषा की निर्माण-प्रक्रिया पर और तीसरा किसी कैनेडेयिन विश्वविद्यालय के किसी द्विवेदी का, 'हिन्दी गज़ल' पर।

विद्यानिवास और राजेन्द्रसिंह के आलेखों की स्थापनाएँ महत्वपूर्ण थीं।

विद्यानिवास का आग्रह था कि आधुनिक, विशेषकर समकालीन हिन्दी-साहित्य को (उन्होंने उदाहरण कविता से दिये) मानवीय चेतना एवं मानवीय सरोकारों के साहित्य के रूप में स्वीकार किया जाय। वह मानवीय है, इसीलिए आधुनिक है। आधुनिक होने का अर्थ ही है, मानवीय होना।

राजेन्द्रसिंह ने बहुत-से उदाहरणों के जरिए यह समझाने की कोशिश की कि हिन्दी भाषा में कहीं से भी शब्द लेकर उसे आत्मसात करने की क्षमता है। दूसरे शब्दों में, उसमें एक समसामयिक भाषा बने रहने की शक्ति है।

उर्दू के विषय में उन्होंने कहा कि वह कोई भाषा नहीं, क्योंकि वह किसी एक समुदाय की भाषा नहीं।

इन मान्यताओं पर दिलचस्प बहस होनी चाहिए थी, मगर नहीं हुई।

8 जुलाई, 1984 / भोपाल

मध्यप्रदेश शासन साहित्य परिषद द्वारा आयोजित 'रामचन्द्र शुक्ल शती समारोह' आज शाम समाप्त हो गया। 'समारोह' कहना मजाक बनाना है। हर तरह के प्रगतिशीलों और जनवादियों का मेला था। दिखावे के लिए कुछ निर्विकार प्रतिमाएँ और प्रतिभाएँ भी थीं।

साबित कर दिया गया कि रामचन्द्र शुक्ल हिंदी के पहले प्रगतिशील थे। किसे प्रगतिशील माना जाये? तुलसीदास को? कबीर को? भारतेन्दु को? प्रेमचन्द को? नहीं नहीं। रामचन्द्र शुक्ल को!

अब अगले कुछ वर्षों तक रामचन्द्र शुक्ल का इस्तेमाल छड़ी की तरह किया जायेगा।

13 जुलाई, 1984 (प्रातः) / मॉस्को

आज मेरे पुनर्जन्म की पहली वर्षगाँठ है। पिछले वर्ष ह्यूस्टन में आज ही के दिन डॉ. कुली ने मेरे हृदय का ऑपरेशन किया था।

यह एक वर्ष निरर्थक नहीं गया। मैंने कविताएँ लिखीं, जो बरसों से रुकी हुई थीं। निरर्थक कामों से चित्त हटाया, ईश्वर पर लगाया।

ईश्वर, तुमने मुझे दोबारा जन्म दिया है; यह व्यर्थ नहीं जायेगा। यह तुम्हारी ही वस्तु है, तुम्हें ही समर्पित है।

अगले वर्ष और भी संयम से जिऊँगा, ताकि और भी रच सकूँ। रचना ईश्वर के निकट पहुँचना है।

13 जुलाई, 1984 (सायं:) मॉस्को

गोर्की ने लिखा है, शायद, अगर मैं भूलता नहीं हूँ तो : मैं पहली बार तॉल्स्तॉय से मिला तो लगा मैं ईश्वर के सामने खड़ा हूँ।

आज यास्ना पोल्याना ने मेरा सिर, अपनी तुच्छता के अहसास में, इतना झुका दिया कि लगता है, अच्छा ही हुआ। अब कभी मैं सांसारिक दर्प में सिर नहीं उठा सकूँगा।

इतने महान कलाकार, संत, पैगम्बर की इतनी 'मामूली' समाधि–घास में छिपी हुई, मिट्टी से इस कदर सटी हुई कि मिट्टी को मिट्टी से अलगाना कठिन है।

चाहते तो तॉल्स्तॉय अपनी स्मृति में ताजमहल बनवा सकते थे। मगर वह लीला समझते थे। उन्होंने मिट्टी में शरण ली; मिट्टी, जो अन्तिम सत्य है।

तॉल्स्तॉय के घर को टूरिस्टों ने रौंद डाला है। मगर क्या फ़र्क पड़ता है। वह सर्दी और गर्मी में, दिन और रात मुँह बाये स्तब्ध खड़ा है, तॉल्स्तॉय की गैरमौजूदगी में। अभी तो थे यहाँ

तॉल्स्तॉय, पढ़ रहे थे, लिख रहे थे, सेक्रेटरी को चिट्ठियाँ लिखा रहे थे, पत्नी से झगड़ रहे थे, गोर्की का आतिथ्य कर रहे थे, संगीत, चारों ओर फैली हुई प्रकृति का संगीत, सुन रहे थे। कहाँ गये? कहाँ गये तॉल्स्तॉय। यास्ना पोल्याना स्तब्ध है, हतप्रभ है, उदास है, मौन है, पर्यटकों के आने से नहीं, किसी के चले जाने से।

होटल लौटकर और रास्ते-भर मेरा मन भारी रहा।

स्वामिनाथन ने अकारण नहीं कहा था, यास्ना पोल्याना जाना तो मेरी ओर से वहाँ की मिट्टी के मत्थे टिक आना। यही तो कहा रूसी कवि सीद्रोध ने, जो सारा समय मेरे साथ रहे—"हम एक तीर्थस्थान में हैं।"

शनिवार / 14 जुलाई, 1984 / लेनिनग्रॉद

लेनिनग्रॉद के साथ कितनी स्मृतियाँ जुड़ी हुई हैं, कितने उपन्यास, कितनी कविताएँ, कितनी दन्तकथाएँ। पुश्किन, दॉस्तोएव्स्की, तॉल्स्तॉय के पात्र, जॉर और लेनिन। और युद्ध? दूसरा और अन्तिम युद्ध! कितना संहार, कितना निर्माण।

मेरी युवावस्था के मित्र रामकृष्ण श्रीवास्तव की पंक्तियाँ याद आती हैं : 'बार-बार गिर-गिरकर वक्त फिर सम्हलता है / एक दीप बुझता है, एक दीप जलता है।'

मगर यूरोप में कौन बुझा, कौन जला? यूरोप में चिराग़ दोबारा नहीं रौशन हुआ। यह बॉदलेयर, जोला, बॉल्ज़क, मोपाँसा, तॉल्स्तॉय, दॉस्तोएव्स्की, तुर्गनेव, चेखव का यूरोप नहीं। यह गेटे और पुश्किन का यूरोप नहीं। वह बुझ गया।

अब तो केवल स्मृतियाँ हैं, संग्रहालय और पुस्तकालय हैं।

आज सवेरे मोर्हका नदी के किनारे 12 नम्बर कमान के आगे पैर ठिठक गये—यहीं तो पुश्किन ने अन्तिम दिन बिताये थे। इसे सोवियत रूस की परम्परा ही कहना चाहिए कि एक ऐसी शताब्दी में जबकि लेखक और कलाकार को जीते-जी भुला दिया जाता है, यहाँ लेखक-कवि मरकर भी याद किये जाते हैं—रोज़-रोज़, सुबह-शाम। जीवित लेखक भी यहाँ पर्यटक-आकर्षण है, मृत लेखक भी।

मगर जैसा मैंने कहा, यह वह यूरोप नहीं—यह कुछ और है। जिस युग में तॉल्स्तॉय, दॉस्तोएव्स्की और गेटे न हों, उसमें अगर लेखक भौंचक्का नज़र आता है, अपने को अधिकाधिक अकेला, हीन और असहाय पाता है, तो क्या आश्चर्य?

क्या आज हम गाँधी की अनुपस्थिति में गिरे हुए, विवेकानन्द की ग़ैरमौजूदगी में निर्वीर्य और बुद्ध के बिना अमानुषिकता की हद तक क्रूर नहीं हो चुके हैं?

हे ईश्वर! यह कितना भयानक यथार्थ है!

रविवार / 15जुलाई, 1984 /लेनिनग्रॉद

दिन-भर बारिश होती रही। एक मौन बारिश। जैसे कोई चुपचाप आँसू बहा रहा हो। कौन है, वह? किसकी है, यह बारिश?

क्यों यहाँ लोग गुमसुम रहते हैं? चुपचाप क्यों? कोई यहाँ किसी से वार्तालाप करता दिखाई नहीं पड़ता। हरेक अपने में खोया हुआ है, सिवाय फिनलैण्ड के उन सैलानियों के, जो शराब पीने लेनिनग्रॉद आते हैं।

किसी को लेनिनग्रॉद में हँसते नहीं देखा, आलिंगनबद्ध होते नहीं देखा। प्रत्येक को अकेले देखा।

शायद वे युद्ध को अब तक भूल नहीं पाये। कौन था, जो मारा नहीं गया। जो मारे नहीं गये वे छोड़कर चले गये। लेनिनग्रॉद अब तक युद्ध के सकते में है। सारे शहर में एक ऐसा सन्नाटा है, जिससे भय होता है। दॉस्तोएव्स्की के मकान में जाकर यह सन्नाटा और भी बढ़ गया ; भयावह सन्नाटा जिसे तोड़कर दॉस्तोएव्स्की ने रचना की, स्वयं को नष्ट कर डाला और उस सबको भी जो अब तक अपरिभाषेय था। जो बीसवीं शताब्दी को समझना चाहते हैं, उन्हें उसकी शुरुआत दॉस्तोएव्स्की से माननी चाहिए। दॉस्तोएव्स्की के बगैर उस भयानक अंधकार को, मानव-मन के अंधकार को, पहचान सकना कठिन है, जिसमें पाप, शाप, अपराध, हिंसा, घृणा, क्षय, नैराश्य और अवसाद पल रहे हैं।

यह एक ऐसा नरक है, जिसे सिर्फ़ बीसवीं शताब्दी के लोग पहचानते हैं।

यह अकारण नहीं है कि इस शताब्दी के साहित्य की पहचान इतनी पृथक है कि पहले के सभी मानदण्ड इस पत्थर से टकराकर चकनाचूर हो जाते हैं।

आज दॉस्तोएव्स्की की एक प्रतिमा देखी, एक छोटी-सी प्रतिमा, पत्थर की प्रतिमा, जिसे छू-छूकर काल ज्वार की तरह लौट-लौट जा रहा है।

24 जुलाई, 1984 /मॉस्को

लियोनिद लियोनेफ रूस के वयोवृद्ध लेखक। 86-87 साल। गोर्की के समकालीन और मित्र रहे हैं। वनस्पतियों का उनके जैसा शौक मैंने नहीं देखा, न ही ऐसी जानकारी और संग्रह। अद्भुत ! उन्हें पेड़ों, पौधों, पशु-पक्षियों, सृष्टि से प्यार है।

आज शाम जब मैं पैराडेल्किनों में, उनके डाचा, गया, तब छुटते ही उन्होंने मुझसे प्रश्न किया, "तुम्हारा ईश्वर में विश्वास है?"

मेरे 'हाँ' कहने पर उन्होंने पूछा, "किस तरह के ईश्वर में?"

मैंने उत्तर दिया, ''एक निराकार, निर्विकार ईश्वर में, जो स्वयं ब्रह्माण्ड है—सृष्टि से अलग नहीं, सृष्टि है, अन्तिम है, नेति है।''

लियोनेफ ने मुझे लगभग बीच में काटते हुए कहा, ''मगर मुझे, इस तरह के ईश्वर की आवश्यकता नहीं। मुझे तो एक ऐसे ईश्वर की जरूरत है जो हर क्षण मेरे जीवन में हस्तक्षेप करे, मुझे पाप से बचाये, मुझे धर्म पर आमादा करे, मुझे प्रेरित करे, मुझे ढाँढ़स दे, शक्ति दे, आँखें दिखाये, गुर्राये, पीठ थपथपाये, पुरस्कृत करे, मृत्यु और संहार से विमुख करे। तुम्हारे निर्विकार, तटस्थ, उदासीन ईश्वर का मैं क्या करूँगा?''

मैंने कहा, ''मेरी धारणाएँ न केवल मेरे अपने, बल्कि औपनिषदिक चिंतन पर आधारित हैं।''

लियोनेफ ने कहा, ''मैं जानता हूँ। मैं भारतीय दर्शन से अच्छी तरह परिचित हूँ। मैं तो यहाँ एक सीमित, प्रत्यक्ष और दैनन्दिन प्रश्न कर रहा हूँ न कि किताबी। अब देखो, आज ही सवेरे, मेरे बगीचे में एक मधुमक्खी पानी पर जा गिरी और भीगती हुई, डूबती हुई अब डूबी-तब डूबी होने लगी। मैंने उसे पानी से निकाला, उड़ाने की कोशिश की, मगर वह बार-बार उड़कर धरती पर आ गिरी। मैं उसे धूप दिखाता रहा। क्रमशः उसके पंख सूखने लगे। तब वह अचानक ऊपर उठी, पंख झपकाये, और लम्बी उड़ान भरती हुई, मेरी हथेली से, सीधे आसमान की ओर छू-मन्तर हो गयी। अब बताओ। मैं उसके लिए क्या हुआ? क्या रिश्ता बना, मेरे और उसके बीच? क्या मैं उसका ईश्वर नहीं?

लियोनेफ की धारणाएँ ईसाई अनुभव और धर्म से प्रेरित हैं। उनमें तर्क नहीं है, मगर गहरी मानवता है। उनमें तुक नहीं है, किन्तु एक अपरिभाषित पीड़ा है।

जब तक वे हमसे बातचीत करते रहे, दो बूढ़ी स्त्रियां चाय इत्यादि लाती रहीं।

कुजनेत्सोव ने बताया कि वे दिन में लियोनिद की पत्नी के देहान्त के बाद से, घर का सारा काम कर जाती हैं, मदद के बगैर। वे लियोनिद की पड़ौसिनें हैं।

कुजनेत्सोव ने यह भी बताया कि लियोनिद स्तॉलिन के प्रिय पात्र कभी नहीं रहे। इसके बावजूद गोर्की उनके अनन्य मित्र थे। गोर्की हर रोज़ कहीं से उपलब्ध कर उनके लिए एक-न-एक नया पौधा लाते थे।

गोर्की नहीं रहे, उनके अन्य समकालीन भी नहीं रहे। मगर वे पेड़-पौधे और वनस्पतियाँ मौजूद हैं, जो उन्होंने साथ लगाये थे। लियोनिद लियोनेफ उनके बीच रहते हैं, उनके संग रहते हैं। इसलिए यह कहना सही नहीं होगा कि लियोनिद लियोनेफ अकेले रहते हैं।

26 जुलाई, 1984 /नयी दिल्ली

रूसियों ने कल मुझे और वीणा को आत्मीय विदा दी। कुजनेत्सोव के घर पर कॉकटेल और रात्रि-भोजन। उसके बाद मरि. सैल्गेनिक और दुभाषिया नताशा एयरपोर्ट तक आये और आधी रात तक—जब तक विमान भारत के लिए रवाना नहीं हुआ वहीं रहे।

मॉस्को-दिल्ली सिर्फ़ छह घण्टे की दूरी है। रूस मुझे एक अलग किस्म का देश लगा, अपनी सांस्कृतिक परम्पराओं पर अभिमान से भरा हुआ। वैसे वह मूर्त्ति-पूजा के विरुद्ध है, मगर रूस के किसी भी नगर का कोई चौराहा नहीं, जिस पर मूर्त्ति न हो, मुख्य रूप से साहित्यकार की।

साहित्यकार को इतना महत्त्व देना उचित नहीं। इतना महत्त्व देने का ही यह परिणाम है कि उनमें से कुछ को दण्डित होना पड़ता है।

31 अक्टूबर, 1984 बुधवार नयी दिल्ली

आज मेरा मन दुःख से भरा हुआ है। सुबह सबेरे साढ़े नौ बजे किसी ने बताया, इन्दिराजी को गोली मार दी गयी। गोली शायद सवा नौ बजे के करीब मारी गयी थी। मेरा मकान इन्दिराजी के बँगले के पीछे ही है, इसीलिए खबर पहुँचते देर नहीं लगी।

मैं सीधे मेडिकल इन्स्टीट्यूट पहुँचा। छोटी-सी भीड़ इकट्ठी थी। मगर किसी को कुछ पता नहीं था। वह किस अवस्था में हैं। आपरेशन थियेटर में उन्हें रक्त दिया जा रहा था।

लगभग ग्यारह बजे विद्याचरण शुक्ल ने बताया कि धवन का कहना है कि उनकी मृत्यु तत्काल घटनास्थल पर ही हो गयी। मगर कुछ यकीन नहीं हुआ। मैं रुका रहा। थोड़ी देर बाद मैंने नत्थू से पूछा। उसने भी ऐसा ही इशारा किया।

इन्दिराजी को वैसे तो मैं बीस वर्षों से जानता था। 1/9/1964 में जब वह सूचना मन्त्री नियुक्त हुई थीं, तब मैं उनसे पहली बार मिला था। मगर मैं निकट आया उनके 1969 में, कांग्रेस विभाजन के दौरान, जब उन्होंने पार्टी की तथा अपनी लिखा-पढ़ी का काम सौंपा।

कई वर्ष मैंने यह काम किया और 1976 में राज्य सभा के लिए चुने जाने के बाद भी यह क्रम जारी रहा। अब भी उनकी मृत्यु के पहले तक मैं यही काम कर रहा था।

कई बार मैं, 15 अगस्त के सालाना जलसे के अवसर पर या कांग्रेस अधिवेशन के समय मुझे उनकी स्पीच लिखने के लिए, बुलाया जाता, कभी-कभी अनुवाद के लिए। कालान्तर में उनके करीब आ गया था। सहायक-जैसी स्थिति हो गयी थी मेरी। और इस नाते उनके व्यक्तित्व को मैंने बहुत कोणों से देखा और परखा। आज वक्त नहीं है, इस पर बातचीत करने का। कभी लिखूँगा।

1977 में जब वह चुनाव हार गयी थीं, तब मैं उन पर लिखना चाहता था। मगर अपनी उथल-पुथल के कारण लिख नहीं सका। और तब लिखता तो चापलूसी मानी जाती। अब जिसे लिखने के लिए मेरा लिखा चापलूसी माना जाता, वह नहीं रहा, अब वे क्या कहेंगे।

यह जरूर कहूँगा कि हत्या इन्दिरा गाँधी की आज हुई, मगर इस हत्या की रिहर्सल 1966 में, उसी दिन आरम्भ हो गयी थी जिस दिन वह प्रधानमन्त्री बनीं। समाचार पत्र, बुद्धिजीवी, भाषाकार, राजनैतिक विरोधी, सब इन्दिरा गाँधी के विरूद्ध जहर उगल एक ऐसा माहौल बना रहे थे, जिसमें नाटक का अन्त यही हो सकता था। वे फिर यही करेंगे। पहले भी उन्होंने इतिहास से कोई सबक नहीं लिया, अबकी भी नहीं लेंगे। इस देश के बुद्धिजीवी पेशेवर हत्यारे हैं।

1 नवम्बर, 1984

रक्पात आरम्भ हो गया है। हिन्दू युवक सिखों पर टूट पड़े हैं। इन्दिरा गाँधी की हत्या जिन्होंने करायी, शायद वे चाहते भी यही थे। साम्प्रदायिक आधारों पर हिन्दू-सिख विभाजन।

उनकी मनोकामना पूरी हुई। मन पर दुःख की कई परतें पड़ी हुई हैं। उन्हें हटा नहीं पा रहा हूँ।

2 नवम्बर, 1984

राजीव जी को पार्टी का नेता चुन लिया गया। यह बहुत सही काम हुआ। राजीव सही आदमी हैं और मैं जानता हूँ, वह सही लोगों की सलाह से चलेंगे। अभी वक्त ही कहाँ मिला, सारी स्थिति पर विचार का।

बुजुर्गों के प्रति उनके मन में आदर है। 1980 में उन्होंने मुझसे कहा था, "जो चीज पार्टी में कोई नज़र आती है, वह है परम्परा और अनुभव का आदर।"

राजीव का व्यक्तित्व उनके नाना जवाहरलाल नेहरू से बहुत मिलता-जुलता है। उनमें प्रतिभा की वैसी ही चमक है, वैसा ही खरापन, वैसी ही ईमानदारी, वैसी ही उदारता और करूणा।

भारत को एक आदर्श प्रधानमन्त्री मिला है।

3 नवम्बर, 1984

आज शाम चार बजे शान्तिवन में इन्दिराजी का दाह-संस्कार कर दिया गया।

एक युग समाप्त हुआ।

दूसरा युग, दस्तक दे रहा है :

द्वार खोलो

मगर द्वार कौन खोले ? एक-एक को लकवा मार गया है। न सोचने की शक्ति रह गयी है, न समझने की।

अब पता चलता है, एक देश को बाँधे रखना कितना कठिन है। इन्दिराजी भारत को अपने कंधों पर उठाए हुए थीं। आज उनके बाद, वह एक घड़े की तरह, सड़क पर टूटा पड़ा है। एक इन्दिरा गाँधी के न रहने से कितना फर्क पड़ गया है।

4 नवम्बर, 1984

एक विराट सन्नाटा डाल पर आकर बैठ गया है, अपशगुन की तरह, उल्लू की तरह। कभी-कभी कोई अपरिचित, दूर से तिरती आती चीख इस सन्नाटे को तोड़ जाती है।

पता नहीं किसकी है यह चीख? कहाँ से आयी है? कहाँ ले जायेगी?

5 नवम्बर, 1984

दंगे रूक गये हैं। अफवाहें पहले से अधिक जोर पर हैं।

जब दंगे नहीं होते, अफवाहें होती हैं। जब अफवाहें नहीं होतीं, तब दंगे होते हैं।

कभी-कभी दंगे और अफवाह दोनों साथ-साथ होते हैं। सोने और सुहागे का साथ।

मारा जाता है गरीब।

मारा जाता है बेगुनाह।

मारी जाती हैं स्त्रियाँ।

मारे जाते हैं, शिशु।

कुछ बचा नहीं रह जाता।

6 नवम्बर, 1984

शर्म से सिर झुका हुआ है।

7 नवम्बर, 1984

आज इन्दिरा गाँधी पर रेडियो के लिए संस्मरण रेकार्ड कराये।

बोलते हुए चेहरे पर पसीना छलछलाया, इस सर्दी में, और सीने में हल्का-सा दर्द हो आया।

इमरेशनल स्टेट्स की वजह से हुआ है, रक्तचाप बढ़ गया होगा। एंजाइना तो हो नहीं सकता, इतने शीघ्र।

अभी पिछले ही वर्ष तो हृदय की शल्य-चिकित्सा करायी थी मैंने।

इस तरह की सिचुएशन से बचना चाहिए मुझे।

मगर कैसे बचूँ?

31 दिसम्बर, 1984/नई दिल्ली

1दिसम्बर, को लोकसभा का चुनाव-अभियान राजीवजी ने मुझे सौंपा था। उसके पहले पार्टी का चुनाव-अभियान कुछ दफ्तरों के हाथ था, जो करोड़ों रुपये अपनी जेबों में भर रहे थे और अभियान को एक ऐसी पटरी पर चला दिया कि गाड़ी अन्त में पराजय-जंक्शन तक पहुँचती। मेरा तो खयाल है, पार्टी के भीतर के कुछ शक्तिशाली लोगों ने कुछ विदेशियों के साथ मिलकर पार्टी को हराने की योजना बनायी थी।

मगर एक बार फिर मैंने पार्टी को विजयी बनाने में भूमिका अदी की। 1980 में भी मैंने यही किया था। तब मेरा नारा था—"इन्दिरा लाओ, देश बचाओ।" इस बार मैंने नारा दिया—"इन्दिराजी की अन्तिम इच्छा, बूँद-बूँद से देश की रक्षा।"

अपने प्रचार अभियान में मैंने एक ही मुद्दा रखा। देश की अखण्डता। भारतीयता का अर्थ ही है अखण्डता। प्रत्येक भारतवासी देश की अखण्डता पर स्वयं को न्यौछावर करने को तैयार है, यह मैं जानता था। राजीव जी के कुछ अन्य मित्र इससे सहमत नहीं थे। वे कीमतों का, गरीबी का सवाल उठाना चाहते थे। गहन होते हुए भी यह सवाल. इन्दिरा गाँधी की मृत्यु की वजह से, पृष्ठभूमि में चले गये थे।

एकता और अखण्डता का नारा कारगर हुआ। देश ने राजीवजी को इतनी सुदृढ़ सरकार बनाने की छूट दी कि अगर अब भी नहीं हुआ, तो कभी नहीं होगा, कोई नहीं करेगा।

कांग्रेस को 400 सीटें मिलीं। मगर तुम्हें क्या मिला? 1980 में भी तुम्हें कहा गया था, तुम्हें मन्त्रिपरिषद में शामिल किया जायेगा।

मगर क्या तुमने मन्त्री की इच्छा से प्रधान प्रचार की जिम्मेदारी ली थी? या राजीवजी के प्रति 'अपने स्नेहवश?' और देश के ख्याल से?

छले जाने की अनुभूति तो होती ही है। इसलिए नहीं कि मुझे काम का पुरस्कार नहीं मिला। बल्कि इसलिए कि निकम्मों को निकम्मेपन का पुरस्कार मिला। मगर ऐसे संसार और ऐसी अव्यवस्था में क्या पछताना, जो न्याय पर आधारित न हो।

हम संसार को बदल सकते हैं, अपनी नियति को नहीं। हम अन्याय की एक व्यवस्था को बदल कर, उसकी जगह अन्याय की दूसरी व्य वस्था कायम करते हैं। हम इसी भ्रम में चले जाते हैं। स्वप्न हकीकत में बदलेगा। मगर ऐसा होता कभी नहीं। मेरा अनुभव सिर्फ इतना हैः स्वप्न देखा, स्वप्रसंग भी देखा।"

मेरी कविताएँ भी तो स्वप्न और स्वप्रसंग का एक अजीबोगरीब, एक नारकीय, एक जादुई मिलन हैं। एक ऐसा होता नहीं, पर हैं। क्या कहूँ?

यह पार्टी की जीत का वर्ष है और मेरी पराजय का।

वर्ष : 1985

मंगलवार /1 जनवरी, 1985/नयी दिल्ली

आज नया दिन है और मन बुझा-बुझा है। आखिरकार यह कोई दिया तो नहीं जिसे दियासलाई से सुलगा लिया जाये और रौशनी फैल जाये।

वैसे तो हम कवि, कलाकार, साहित्यिक अर्द्धसन्त होते हैं। मगर तृष्णाएँ कुछ हद तक बनी रहती हैं; एक पैर संसार में रहता है, न रहे तो रचना भी सम्भव न हो।

जिस हद तक हम संसार में हैं, इच्छा है। जितनी इच्छा है, उतना दुःख है। बौद्ध दर्शन के अनुसार भी, इच्छा ही दुख की जड़ है।

मगर इसे छोड़ सकना कितना कठिन है। असम्भव। तब फिर भोगना ही शेष रह जाता है। और भोगना ही शेष रह गया है। भोगना और रचना।

बुधवार / 2 जनवरी, 1985 /नयी दिल्ली

आज भी मन में गहरा अवसाद है। एक अनजान कवि की बहुत पुरानी, मन में दबी, एक पंक्ति याद आती है:

> "पूछती है सैयदा,
> इस ज़िन्दगी का
> क्या किया?"

आज यह सवाल मन में बार-बार घुमड़ रहा है:–"क्या किया, इस ज़िन्दगी का, क्या किया?"

बृहस्पतिवार / 3 जनवरी, 1985 /नयी दिल्ली

आज से मैंने फिर लिखने-पढ़ने का क्रम शुरू किया।

पुस्तकों पर धूल जम गयी थी, साफ़ की। पुरानी फाइलों, अधूरी रचनाओं पर नज़र दौड़ायी।

मन को तैयार करना चाहता हूँ। मगर मन दूसरी तरफ़ भागता है। फिर भी नकेल मेरे हाथ है।

ज़ाओगे भी तो कितनी दूर मुझसे जाओगे!

शुक्रवार / 22 मार्च, 1985 / मॉस्को

यह मेरी रूस की दूसरी यात्रा है। पिछले साल मैं वीणा के साथ, सोवियत लेखक संघ के आमन्त्रण पर, मॉस्को आया था। कल सवेरे विश्व शान्ति परिषद् के न्यौते पर मॉस्को पहुँचा। विश्व शान्ति परिषद् के अध्यक्ष मण्डल की बैठक है।

विश्व शान्ति परिषद् वैसे तो सोवियत रूस का प्रचार मच है। मगर इस बार इसका स्वरूप कुछ बदला नजर आ रहा है।

आज सवेरे जब उद्‌घाटन-अधिवेशन आरम्भ हुआ तो सभी किस्म के जीव-जन्तु नज़र आये—पश्चिमी यूरोप के सोशल डेमॉक्रेट्स, ब्रिटेन की लेबर पार्टी के सदस्य, अमरीका के युद्ध-विरोधी विचारक और प्रचारक, बेल्जियम के पादरी, और भारत की कांग्रेस पार्टी का महामन्त्री मैं—तमाम काले और गोरे।

सूत्र संचालन सोवियत संघ के हाथ में है—मगर भाषणों का स्वर कुछ भिन्न है। चिन्ता का मुख्य विषय है, स्टार वार्स। सबके मन में भय है, आशंका है, चिन्ता है, सर्वनाश की छाया है। और इसीलिए लोग इतनी बड़ी तादाद में इकट्ठा हैं। वे अपनी बात कहना चाहते हैं, अपनी चिन्ता व्यक्त करना चाहते हैं, संसार में अपनी चीख गुँजाना चाहते हैं।

भारत की ओर से मैंने अपना और भारत का दृष्टिकोण स्पष्ट किया। हम शान्ति चाहते हैं। मगर युद्ध की भाषा में शान्ति सम्भव नहीं। शान्ति के लिए आवश्यक है, सह-अस्तित्व को बुनियादी शर्त के रूप में स्वीकार किया जाये और परस्पर सन्देह और अविश्वास को दूर किया जाये।

एक भारतीय और किस भाषा में बात कर सकता है।

सोमवार /25 मार्च, 1985/मॉस्को

युद्‌ध-विरोधी और 'स्टार वार्स' घोषणा के साथ आज विश्व शान्ति परिषद का अध्यक्षीय सम्मेलन समाप्त हो गया।

आज सोवियत लेखक संघ की मरियम सैल्गेनिक और मिस्टर सीद्रोध से मुलाकात हुई।

उनका आग्रह है कि बुल्गारिया से लौटते हुए एक दिन के लिए मैं मॉस्को रुकूँ। आग्रह क्या उनकी जिद है।

वे बहुत सी बातें करना चाहते हैं—सोवियत साहित्य के भारत में और भारतीय साहित्य के रूस में अनुवाद के विषय में, सांस्कृतिक आदान-प्रदान के विषय में और मेरे साहित्य के विषय में।

उन्होंने बताया कि वे शीघ्र ही एक संकलन मेरी कविताओं का और दूसरा संकलन मेरी कहानियों सहित मेरे लघु उपन्यास 'दूसरी बार' का प्रकाशित करने जा रहे हैं। काफी अनुवाद मरि. सैल्गेनिक, चेलीशेव, अलेक्जेण्डर सेक्येविच और राज़्दवस्तेस्की ने कर डाला है। मरि. सैल्गेनिक का कहना है कि वे इन अनुवादों से सन्तुष्ट हैं।

प्रेस ट्रस्ट आफ इण्डिया के मॉस्को-संवाददाता गुप्ता ने भी बताया, मेरी रचनाएँ रूस में बहुत रूचि और गौर से पढ़ी जाती हैं।

मंगलवार /26 मार्च, 1985/सोफिया

शाम सोफिया पहुँचा। बुल्गारिया मैं पहली बार 1968 में आया था। अन्तर्राष्ट्रीय युवा सम्मेलन में। संयोगवश वह मेरी पहली विदेश यात्रा थी।

बृहस्पतिवार / 28 मार्च, 1985 /सोफिया

सोफिया में मेरा अद्भुत अतिथि-सत्कार हुआ। बुल्गारिया के राष्ट्रपति त्वोदोर ज्विकोव ने मुझे अपने कार्यालय में बुलाकर आध घण्टे तक बातचीत की ;इनकी संसद के अध्यक्ष, कम्युनिस्ट पार्टी और एग्रेरियन पार्टी के सर्वोच्च नेताओं, फादरलैण्ड फ्रण्ट के अध्यक्ष, बुल्गारिया लेखक संघ के अध्यक्ष, लगभग सबका मैं मेहमान बना, हरेक से अलग-अलग विचार-विमर्श हुआ।

पिछले तीन दिनों से हर रोज टेलीविजन पर मुझे दिखाया जा रहा है और मुझसे सम्बन्धित समाचार प्रसारित किया जा रहा है। समाचार-पत्रों के मुखपृष्ठों पर मेरी तस्वीरें छप रही हैं। जाहिर है वे भारत को, काँग्रेस पार्टी को और राजीव गाँधी को महत्त्व दे रहे हैं। वरना मेरी अपनी क्या हैसियत है। वे भारत के साथ अपने सम्बन्ध प्रगाढ़ करना चाहते हैं।

त्वोदोर ज्विकोव के साथ मेरी दिलचस्प बातचीत हुई। उन्होंने मुझसे पूछा, "तुम कविता और राजनीति, दो घोड़ों की सवारी एक साथ कैसे कर लेते हो। ऐसे उदाहरण इतिहास में कम मिलते हैं।"

मैंने उत्तर दिया, "मैं असल में अपने भीतर चौबीसों घण्टे एक लड़ाई लड़ता हूँ और इसमें कोई जख्मी नहीं होता, कोई मेरे हाथों मारा नहीं जाता, सिर्फ़ मैं लहूलुहान होता हूँ। कभी राजनीति कविता पर हमला करती है, कभी कविता राजनीति पर। मैं दोनों का द्वन्द्व युद्ध रोकने के प्रयत्न में स्थायी तौर पर जख्मी होकर रह गया हूँ—जख्मी, मगर अपंग नहीं।"

त्वोदोर ज्विकोव ने हँसकर सम्भवतः अपनी सहमति व्यक्त की ; फिर बताया, "इन्दिरा गाँधी से मेरी दोस्ती थी। मेरे और उनके बीच कोई प्रोटोकोल नहीं था । मैं खुलकर उनसे बातें करता था, और वह भी ।"

इन्दिरा गाँधी का प्रसंग आने पर त्वोदोर ज्विकोव की आँखों में शोक की छाया तैर गयी।

29 मार्च, 1985 /शुक्रवार /प्लाव्दीव

कहने को प्लाव्दीव बुल्गारिया का वाणिज्य केन्द्र है।

असलियत यह है कि यहाँ के लोगों का सरोकार वाणिज्य से अधिक संस्कृति है। वे उम्दा शराब पीते हैं, बढ़िया खाना खाते हैं और उनकी स्त्रियाँ लुभावनी हैं – लुभाती हैं भी।

उन्होंने अपने खण्डहरों को मयखानों में परिणत कर दिया है और गुफाओं को नृत्यशालाओं (डिस्कोथिक) में।

प्लाव्दीव एक बहुत पुराना नगर है। उस पर तुर्कों और रोमनों की छाप साफ दिखायी पड़ती है। लगभग तीन-चार तो एम्फी थियेटर हैं, जो खुदाई में मिले हैं। जगह-जगह रोमन स्तम्भ हैं और हम्माम हैं।

मगर प्लाव्दीव के निवासी प्राचीन अवशेषों को सिर्फ़ देखने की चीज़ नहीं मानते। रोमन स्तम्भों पर पत्थरों के ठोंके डालकर उन्होंने रेस्तराँ बना डाले हैं – प्राचीन को समकालीन सन्दर्भ दे दिया है। वे संस्कृति को संग्रह की नहीं, उपयोग की वस्तु मानते हैं। इसी में संस्कृति का विकास है।

जिस जगह मैं ठहरा हूँ, वह कभी राजनिवास था, बुल्गारिया के सम्राट का ग्रीष्मनिवास।

उन्होंने इसे एक संग्रहालय नहीं होने दिया। वे इसका उपयोग करते हैं। अब यहाँ बुल्गारिया के राष्ट्रपति के निजि अतिथि ठहरते हैं।

इस थिरचिम निवास में कदम रखते ही लगता है कि यह कभी राजनिवास था। हर चीज़ में रौनक है – कालीनों, बिछौनों, रौशनदानों, मेजों, कुर्सियों और स्नानगृहों में ;मध्ययुगीनता का आलस्य यहाँ अँगड़ाइयाँ ले रहा है।

मगर उन्होंने इस राजनिवास में, जिसके चारों ओर 'हरिणारण्य' है, कुछ नयी चीजें जोड़ दी हैं। कमरों में टेलीविज़न सेट रख दिये हैं और टेलीफोन और हाई-फाई सिस्टम।

मगर दिवारों पर लगी या कोनों में रखी घड़ियाँ और घड़ियाल पुराने हैं। वे काल का और कालातीत का स्मारक हैं, अतीत की एक श्रद्धांजलि है।

30 मार्च, 1985 /शनिवार /प्लाव्दीव

आज सवेरे मैं श्री दल्वाकोव के साथ थिरचिम निवास के अरण्य में सैर को गया। दल्वाकोव बुल्गारिया के फादरलैण्ड फ्रण्ट के उपाध्यक्ष हैं और सोफिया से बतौर मेरे मेज़बान मेरे साथ आये हैं।

बातें वे बहुत करते हैं ;सच्चाई तो यह है कि वह चुप रह ही नहीं सकते। मगर दिल के साफ हैं और खुशमिज़ाज हैं। बुल्गारिया के लोगों की यह विशेषता मैंने देखी—वे खुशमिज़ाज होते हैं और अपने फूलों की तरह प्रस्फुटित। बुल्गारिया है भी अपने गुलाबों के लिए प्रसिद्ध।

दल्वाकोव के साथ लगभग एक घण्टा अरण्य में घूमता रहा, सँकरे रास्तों, गलियों, पगडण्डियों पर। जाड़ा था और हल्की-हल्की बारिश हो रही थी।

किसी मोड़ पर हिरणों और बारहसिंघों की झलक दिखी तो ज़रा दूर पर खरगोश रास्ता काट गया। लोमड़ियों और भेड़ियों के भी दर्शन हुए। मगर बहुत बड़ी तादाद में हैं यहाँ, वनमुर्गे, हाँलाकि बाँस के जंगल मुझे दिखायी नहीं दिये और भारत में वनमुर्गे अक्सर बाँस की झाड़ियों में मिलते हैं। यहाँ वे मैदान पर दौड़ लगाते नज़र आये हैं। तब वे वनमुर्गे न होकर उनसे मिलती-जुलती किसी नस्ल के पक्षी होंगे।

दिन-भर पक्षी बोलते रहते हैं। उनकी मुखरता थिरचिम निवास को और सूना बना जाती है।

इस सूनेपन का,थिरचिम निवास के सन्नाटे और परम्परा का एकमात्र गवाह है, यहाँ का खानसामा। इन तीन दिनों में मैंने लज़ीज स्वादिष्ट पकवान खाये। उनका स्वाद मेरी जीभ पर देर तक टिका रहेगा।

खानसामे को, जो सारा समय ब्रिटिश शैली के कोट और 'बो' में होता है, वनस्पतियों की अद्भुत जानकारी है।

थिरचिम अरण्य में है भी सैकड़ों किस्म के पेड़, फूल, पत्तियाँ। तभी तो यहाँ इतने खरगोश हैं और हिरण और पक्षी।

31 मार्च, 1985 / रविवार / मॉस्को

सोफिया से मॉस्को वापिस।

27 अप्रैल 1985 / शनिवार / बिलासपुर

बिलासपुर मेरा अपना नगर है। मेरा जन्मस्थल। पूर्वजों की क्रीड़ाभूमि।

29 साल पहले मैं बिलासपुर छोड़ दिल्ली आ गया था ; भविष्य की तलाश में, अंधेरे में रास्ता टटोलता हुआ।

मगर इन तमाम वर्षों में न तो मैं बिलासपुर को भूल पाया, न बिलासपुर ने मुझे भुलाया। यह क्या करिश्मा है कि इतना सब हो गया, मगर न मैं बिलासपुर के लिए अजनबी हूँ न बिलासपुर मेरे लिए।

आज शाम 'श्रीकान्त वर्मा प्रसंग' के अन्तर्गत नगरवासियों ने मेरा सम्मान किया। कम्पनी बाग में नगर-का-नगर उमड़ पड़ा।

मुख्यमन्त्री बोरा ने कुछ कहा, कुछ अशोक वाजपेयी ने, कुछ औरों ने। मगर सबसे पते की बात यह है कि जिन्होंने कभी मुझे पढ़ा नहीं, सुना नहीं, मेरे बिलासपुर छोड़ने के बाद पैदा

हुए, वे यहाँ बहुत बड़ी तादाद में मौजूद थे। नयी पीढ़ी। मैं उसके लिए एक श्रुति बन चुका हूँ।

सच्चाई तो यह है कि नयी पीढ़ी मेरे विरुद्ध नहीं है। वह चाव से मुझे पढ़ती है, मेरी रचनाओं में रस लेती है, सराहती है। यह तो मेरे ही कुछ समकालीन हैं जो मेरे विरुद्ध ज़हर उगलते रहते हैं, षड्यन्त्र रचते रहते हैं।

किसका नाम लूँ, किसका न लूँ। वे 'बायें' भी हैं 'दायें' भी। सामने पड़ जाने पर मुँहदेखी करते हैं, पीठ फेरते ही गोली दागते हैं।

वे मुझसे नहीं सत्ता से डरते हैं; वे सिर्फ सत्ता की पूजा करते हैं। जैसे ही कोई सत्ता से हटता है वे उसे रौंदते हैं। 1977 से 1980 के बीच मेरे साथ यही हुई।

बिलासपुर का यह आयोजन इस दृष्टि से मेरे लिए महत्त्वपूर्ण था कि मेरा इससे हौसला बढ़ा।

आयोजन के पीछे दृष्टि और सृष्टि रामबाबू की है, मेरे एक शिष्य की।

11 मई 1985/ शनिवार / पूना

आज सवेरे मैंने मराठी के दलित लेखक-सम्मेलन का उद्घाटन किया। दलित लेखक सैकड़ों की संख्या में आये थे। इसके कर्ताधर्ता गंगाधर पांग्वणे और नामदेव धसाल हैं।

दलित साहित्य की खुशबू और रंग अलग ही है। उसमें दिखावा नहीं। वह अपनी बनावट में आधुनिक है। उसकी अन्तरात्मा भारतीय है। उसमें हजारों वर्षों से कुचली गयी आत्मा का आर्तनाद है, दर्प है, प्रतिकार है, हिंसा है, समर्पण है, पहचान है, पश्चात्ताप है, अस्मिता है। शायद इसीलिए इन लोगों ने अपनी पत्रिका का नाम रखा है 'अस्मितादर्श'।

13 मई 1985/ सोमवार / बम्बई

डेण्टिस्ट ने मेरे दाँतों की परीक्षा की। अगले हफ्ते वह मेरे छह-सात दाँतों की 'कैपिंग' करेंगे।

30 जून 1985/ रविवार / कोपेन हैगेन

और इसके लिए उन्होंने शहर के बीचोबीच 'टिवोली' बसायी जो उजड़ती है, रात को उजड़ने पर भी बनी रहती है अपने खेल-तमाशों, जादूगरों, बौनों, खिलौनों-रेलगाड़ियों, आधुनिक विज्ञान के चमत्कारों के साथ।

हंस क्रिश्चियन एण्डर्सन को जन्म दिया, जिन्होंने अपने अकेलेपन को बाल-स्वप्नों से, मूँगे-मोतियों से जड़ दिया, भर दिया। आज भी हंस क्रिश्चियन एण्डर्सन की कहानियाँ मुझे मेरे बचपन में ले जाती हैं, जिसमें स्वप्न हैं, तिलिस्म की तलाश है, ऊब नहीं है, जिज्ञासा, है, कौतूहल

है, भ्रम है, सुख है, तृष्णा है, मणि है, स्वर्ण है, पी. सी. राय का जादू है। हंस क्रिश्चियन एण्डर्सन की कहानियों में हर व्यक्ति को उसका बचपन दोबारा सौंपने की सामर्थ्य है।

डेनमार्क में एक अनोखी सरलता है, जो अलगाव से, स्वप्नशीलता से, बचपन के प्रति प्रेम से पैदा होती है।

संयोग नहीं कि डेनमार्क का प्रतीक है 'जलपरी' – समुद्र के किनारे बैठी हुई, समुद्र से निकलकर धूप में अंग सेंकती हुई, स्वप्न देखती हुई, जलपरी।

12 अगस्त 1985/ सोमवार / नयी दिल्ली

चीन और उत्तरी कोरिया की यात्रा से आज मेरी पत्नी और मैं वापिस आये। चीन की यह मेरी तीसरी यात्रा थी। चीन एकदम बदला हुआ है। समाजवाद की यात्रा सम्पूर्ण हुई। अब दोबारा एक सम्पन्न, समृद्ध समाज की तलाश शुरू हुई है। चारों ओर समृद्धि की ललक है।

भूख है, पेट की नहीं, अन्तरात्मा की, अभिव्यक्ति की, प्रेम की।

पहली बार मैंने चीनी युवकों को युवतियों की ओर घूरते देखा। पहली बार सबकी आँखों में चमक देखी। पहली बार उनमें आत्मविश्वास देखा।

चीन की यह नयी यात्रा कहाँ जाकर समाप्त होगी, कहना कठिन है।

यह क्रान्ति नहीं, प्रतिक्रान्ति है। और यह प्रतिक्रान्ति चीन के लिए जरूरी थी। कानफ्यूसियस के लिए। कालजयी कानफ्यूसियस के लिए।

1 सितम्बर 1985/ रविवार / नयी दिल्ली

मैं अपने ही घर में बन्दी होकर रह गया हूँ। सरकार ने सुरक्षा के लिए, पचीस हथियारबन्द सन्तरी और अंगरक्षक दे रखे हैं। वे घर, आँगन सबकुछ घेरे हुए हैं।

आतंकवादियों से अधिक असुरक्षा पुलिस की मौजूदगी से होती है।

मृत्यु का भय नहीं। यह दमघोंट किलेबन्दी, काफ्का के 'कैसल' की तरह है, गुमनाम, अनुपस्थिति का स्थानापन्न भय।

18 सितम्बर 1985/ बुधवार / नयी दिल्ली

आज मेरा जन्मदिन है।
मन आत्मग्लानि से भरा हुआ है।
इन तमाम वर्षों में मैंने क्या किया ?
मिथ्या, चाटुकारिता, अहं, दर्प,
छल, आत्मछल, आकांक्षा, लोभ,

वैभव, प्रदर्शन, आत्म-प्रदर्शन, प्रतिद्वन्द्विता,
शत्रुता, आत्मरति।
नाटकीय जीवन जिया।
मैं अपने अन्दर बैठा हुआ एक
पिशाच हूँ,
अन्यायी,
अत्याचारी,
रोगग्रस्त,
भोगग्रस्त।
ईश्वर मुझे शक्ति दो, इस छद्म और
छल से उबरने की।
फिलहाल स्वयं को धिक्कार ही सकता हूँ
आगे की सोचो –
'काबे, किस मुँह से जाओगे, ग़ालिब ?'

10 अक्तूबर 1985/ बृहस्पतिवार / आयोवा

पॉल एंगल बूढ़े हो चुके हैं; शरीर से,
अन्तरात्मा वही अदम्य, वही उदात्त
वही करुणार्द्र।

पॉल एंगल से मैं पहले-पहल 1963 में मिला था, दिल्ली के जनपथ स्थित 'काटेज इण्डस्ट्रीज इम्पोरियम' के कॉफी घर में।

फिर मैं उन्हें भूल गया। 1969 में उनसे खतो-क़िताबत शुरू हुई। 1970 में मैं पहली बार आयोवा आया। दूसरी बार 1978 में, परिवार के साथ। तीसरी बार, इस बार।

इन तमाम वर्षों में पॉल एंगल और हुआ लिंग के साथ मेरे सम्बन्ध आत्मीय हो गये हैं। औपचारिकता कहीं नहीं है।

मेरे आयोवा पहुँचते ही पॉल एंगल ने फोन किया, 'वेलकम टू एंगल कण्ट्री।'

तड़के / यहाँ के हिसाब से 10 बजे तड़के ही हुआ / वह दौड़े-दौड़े आयोवा हाउस आये – मुझे और मण्टू को घर ले जाने।

उनके मुँह से शराब की गन्ध आ रही थी। उन्होंने सूँघ लिया कि मैं उन्हें सूँघ रहा हूँ। उन्होंने कहा कि पहले बन्द कर रखी थी, अब दोबारा पीने लगा हूँ।

वह ताबड़तोड़ पीने लगे हैं, दूसरों से और स्वयं से छिपकर पीने लगे हैं।

पिछले वर्ष उनके मस्तिष्क का ऑपरेशन हुआ था, मगर इस ऑपरेशन से कहीं अधिक उनकी कर्मठता ने उन्हें जीवन्त बना रखा है, बल्कि अब वह पहले से अधिक जीवन्त और आक्रामक नज़र आते हैं।

वह जब भी कुछ कहते-बोलते हैं, लगता है आयु पर आक्रमण कर रहे हैं, उम्र पर, ज़रा पर, मृत्यु पर और इस बात का अहसास भी उन्हें पहले से अधिक है कि अगर कुछ निश्चित है तो सिर्फ मृत्यु।

क्या संयोग है कि मैं उनके जन्म-दिन के आसपास आयोवा पहुँचा। कल इण्टरनेशनल रायटिंग प्रोग्रैम उनका जन्मदिन मनाने जा रहा है, मतलब प्रोग्रैम के सदस्य, हालाँकि जन्मदिन उनका 12 अक्टूबर को है।

हुआ लिंग एंगल के चेहरे पर भी उम्र की मार दिखाई पड़ती है। साठ की हो चलीं। पॉल एंगल कई साल हुए, प्रोग्रैम से रिटायर हो चुके हैं। हुआ लिंग प्रोग्रैम चलाती हैं, भागती हैं, दौड़ती हैं, तमाम दुनिया से साल-पर-साल, हर साल लेखक मण्डली जुटाती हैं।

लेकिन अब उम्र के साथ-साथ उनमें झुँझलाहट आने लगी है। उन्होंने कहा, मेरा अपना लिखना-पढ़ना नहीं हो रहा है।

पॉल एंगल से मैंने पूछा—इस उम्र में वह इतने तन्दुरुस्त कैसे नज़र आ रहे हैं? उन्होंने कहा, मैं सुबह से देर रात तक सक्रिय रहता हूँ, लिखता हूँ, पढ़ता हूँ, अपनी गाड़ी खुद चलाता हूँ, अपनी चिट्ठियाँ स्वयं टाइप करता हूँ, चलता हूँ, फिरता हूँ, खाँसता भी हूँ, बीमार भी पड़ता हूँ मगर यह बगैर भूले कि मुझे जीना है। तब तक, जब तक कि ज़िन्दगी बेमानी न लगने लगे।

दोपहर का खाना बाहर रेस्तराँ में पॉल एंगल और हुआ लिंग के साथ खाया। शाम को उन्हीं के घर भोजन पर एक लात्वीनियन दम्पत्ति से मुलाकात हुई – नाम ठीक-ठीक स्मरण नहीं कर पा रहा हूँ। मिस्टर इवार या इसी जैसा कुछ, और उनकी पत्नी।

इस जैसा भारी-भरकम अहंवाला व्यक्ति मैंने साहित्य में कम देखा, राजनीति में तो रोज़मर्रा मुलाकात होती है, ऐसे लोगों की।

वह ओक़ला हामा से 'वर्ल्ड लिटरेचर' नामक मासिक क्या छापता है, स्वयं को विश्व-साहित्य का प्रणेता समझता है।

दम्भी तो है ही, भौंड़ा भी है। सारा समय हुआ लिंक पर छींटाकशी करता रहा। मसल सच साबित करता हुआ, जिस पत्तल में खा रहा था, उसी में छेद कर रहा था।

11 अक्टूबर 1985/ शुक्रवार / आयोवा

दोपहर मराठी लेखक अरुण साधु से मुलाकात हुई। इस वर्ष भारत से वह इस प्रोग्रैम में आये हैं।

उनसे एक बार पहले बम्बई में भेंट हुई थी एक प्रेस–सम्मेलन में। वह बम्बई में 'स्टेट्समैन' के प्रतिनिधि हैं। शाम को अनन्तमूर्ति से। अनन्तमूर्ति मेरे पुराने मित्र हैं। उनका 'संस्कार' मेरे प्रिय उपन्यासों में से है, बेजोड़ कलाकृति।

मेरे कविता संग्रह 'मगध' की उन्होंने बड़ी प्रशंसा की। मन बुझा हुआ न होता तो उनकी सराहना से न जाने कितनी शक्ति मिलती। मगर अब पता नहीं क्यों, कुछ भी कारगर नहीं हो रहा है।

अनन्तमूर्ति ने बताया कि अपर्णा और विनय धारवाड़कर ने, जो शिकागो में हैं, मेरी अनेक कविताओं के अंग्रेजी में अनुवाद किये हैं। कुछ अनुवाद उन्होंने इंग्लैण्ड और अमेरिका की पत्रिकाओं में प्रकाशित कराये हैं। मैंने देखे हैं। वे मेरी कविताओं के सर्वोत्तम अनुवाद हैं।

12 अक्टूबर 1985 / शनिवार / वाशिंगटन

सबेरे आयोवा से विदा देते हुए पॉल एंगल ने एक कहानी सुनायी।

उन्होंने कहा, वर्षों पहले, भारत में खजुराहो हवाई अड्डे पर मैंने एक भारतीय सैनिक अधिकारी को अपने सैनिक बेटे को विदा देते हुए देखा। पहले तो पिता सैनिक अधिकारी की तरह बर्ताव करता रहा, जब जहाज छूटने लगा, तब पिता ने बेटे को गले लगाते हुए कहा, 'डियर ब्वाय !'

पॉल एंगल ने मुझसे कहा, 'वैसे तो तुमसे मेरा कोई रिश्ता नहीं, उम्र की दूरी भी इतनी नहीं,' फिर भी ;कहना चाहता हूँ, डियर ब्वाय।' पॉल एंगल की आँखों में आँसू थे। और शायद हुआ लिंग की भी आँखों में।

वैसे हमारा उनसे क्या रिश्ता है ?

18 अक्टूबर 1985/ शुक्रवार / न्यूयार्क

कल शाम पवन वर्मा के घर भोजन के निमित्त
गया।
मन का दुख उन पर उँडेल आया।
गलत किया।
हम यहाँ इस नक्षत्र पर दूसरों को सुख
देने को हैं,
दुख नहीं
अगर हम सुख नहीं दे सकते

तो कम-से-कम
अपना दुख तो
दूसरों पर नहीं थोपना चाहिए।
ध्यान रखूँगा।

19 अक्टूबर 1985 / शनिवार / न्यूयार्क

कहीं भी चैन नहीं,
कहीं भी
शान्ति नहीं।
कल सुबह
मंटू के साथ टहलता हुआ फिफ्थ एवेन्यू
गया।
थोड़ी ही देर में वैसी ही घबराहट शुरू
हो गयी जैसी दिल्ली में
हुआ करती थी –
हाथों-पैरों को मानो लकवा मार गया
हो,
तालू सूखते हुए,
सिर चकराता हुआ
थककर
एक दुकान की दिवार पर टिककर
बैठ गया,
फिर होटल आया,
कमरे में कुछ राहत मिली
एक भारतीय रेस्तराँ में
भोजन किया,
'पी'।
चैतन्य हुआ।

24 अक्टूबर, 1985 / बृहस्पतिवार / पेरिस

और वही हुआ। मेरी आशंका सही निकली। कल शाम कविता-समारोह बुरी तरह विफल हुआ।

पहले तो यह कि कविता के नगर पेरिस में कविता के इस समारोह में कोई मशहूर कवि उपस्थित नहीं था – वरना बोनफुआ से लेकर कौन – यहाँ नहीं है। जाहिर है कि उन्हें आमन्त्रित नहीं किया गया था। न तो फ्रेंच समिति ने कोई दिलचस्पी ली, न भारतीय दूतावास ने।

कुछ भारतीय थे, जिनकी समझ और रुचि सतही थे। कुछ फ्रेंच थे, जिनकी रुचि दिखावे की है, समझ की मैं नहीं जानता।

जहाँ तक मेरा प्रश्न है, मेरी तो तकदीर ही खराब है। न जाने ईश्वर मुझसे क्यों नाराज है।

कई महीने परिश्रम कर 'भारतीय कविता' पर लेख लिखा था। वह भी सबके सिर से गुज़र गया। कविताएँ पढ़ीं। कुछ तालियाँ पिटीं। फिर सारा मामला बुझ गया।

मुझे अपना दुख नहीं। मुझ पर तो ग्रहदशा है। जो भी करूँगा, उल्टे मुझ पर पड़ेगा!

दुख इस बात का है कि उपस्थित समुदाय ने अन्य सहयोगियों की रचनाओं के प्रति भी वैजुअल व्यु लिया।

असल बात यह है कि हम भारत को जितना भी प्रोजक्ट करना चाहें नतीजा कुछ नहीं निकलेगा। दुनिया यह मानने को तैयार ही नहीं कि भारत कालिदास, ताजमहल और बन्दर, भालू तथा साँप-बिच्छू से आगे निकल चुका है।

हम जब अपने बारे में दावा करते हैं, और अक्सर सही दावा करते हैं,तो पश्चिम निवासियों को नींद आने लगती है। जब तक हम अपना वाक्य पूरा करते हैं तब तक पश्चिम अपनी जगह से उठकर हैम्बर्गर खाकर लौट चुका होता है। दोष हमारे वाक्य का नहीं, हैम्बर्गर का है, जो सुना है, बहुत जल्द भारत आने वाला है।

इस समग्र विफलता के बीच एक आशा की किरण भी थी रज़ा। चित्रकार रज़ा को श्रोताओं में बैठे देखा।

कविता-पाठ खत्म होते ही वह मेरी तरफ लपके। उनके पास 'मगध' की कविताओं की एक लम्बी फेहरिस्त थी। उन्होंने मुझसे पूछा, "आपने 'मगध' की अन्य कविताएँ क्यों नहीं पढ़ीं?"

अब मैं उनसे क्या बताता कि मैं तो सुनाने को तैयार था, तत्पर था, मिस्टर गोथिए ही सुनने को तैयार नहीं थे।

रज़ा पेरिस में भारतीय कला और कविता की लड़ाई लड़ रहे हैं। कुछ महीने हुए, 'मगध' पढ़कर उन्होंने अशोक वाजपेयी को चिट्ठी लिखी थी। 'मगध' उन्हें बहुत पसन्द है।

25 अक्टूबर, 1985 / शुक्रवार / पेरिस

पेरिस में इन दिनों ठण्ड पड़ रही है। सर्दी, पेरिस निवासियों के हिसाब से, इस वर्ष जल्दी आ गयी।

सुबह उठा तो धूप खिली हुई थी। होटल से दस कदम पर ही ईफिल टॉवर के नीचे पड़े एक बैंच पर बैठ गया। धूप खाने लगा। करीब दो घण्टे वहीं बैठा रहा, बाहर की बातचीत के बीच अपने भीतर के मौन में डूबा हुआ ; नहीं ; डूबता-उतरता हुआ, बत्तख की तरह ;भीतर कितना स्वच्छ है, देखो तो – नहीं तो मैल है, मैल-ही-मैल है।

एक अनन्त स्वप्न है जिसे देखते रहना सुख है। सुख का यही क्षण मुझे चाहिए, बरसों से इसी का इन्तिज़ार है।

लेकिन क्या सुख की तलाश में बार-बार पेरिस आना होगा?

मुझे तो अपनी ही दुनिया में डूबकर (बत्तख की तरह डूबते-उतराते) सुख का यह क्षण उबारना है। यही स्वयं का उबरना भी है।

26 अक्टूबर, 1985 / शनिवार / पेरिस

पेरिस के पियरे कार्दा की एक दुकान के तमाम कपड़े खरीद डाले। कोट ही कोट/ओवरकोट।

यह भी एक किस्म की सनक है। मगर यह हमेशा मेरी जिन्दगी में रहा। जब भी कोई सनक दिमाग पर सवार हुई, उसे पूरा किया ।

28 अक्टूबर, 1985 / सोमवार / नयी दिल्ली

लगभग तीन सप्ताह बाद आधी दुनिया का चक्कर काट घर लौटा तो क्वाधी की पंक्ति याद आयी : व्हेयरेवर यू गो, द सिटी विल फॉलो यू।

तुम कहीं सुखी नहीं रह सकते।

29 अक्टूबर, 1985 / मंगलवार / नयी दिल्ली

दिल्ली लौटा तो फ्लू ने धर दबोचा। ठण्ड पेरिस में ही लग गयी थी, लगातार चार रात, कविता-पाठ के बाद देर से होटल लौटने की वजह।

बुरा हाल है। बीमारियों ने मुझे घेर लिया है। शारीरिक से अधिक, लगता है मानसिक व्याधियों ने। इस बार इनसे उबर गया तो उबर जाऊँगा।

31 अक्टूबर, 1985 / बृहस्पतिवार / नयी दिल्ली

आज इन्दिरा गाँधी की पहली बरसी है। मेरे जीवन पर इन्दिरा गाँधी का सबसे अधिक असर रहा है। इन्दिरा गाँधी के जबर्दस्त और आक्रामक व्यक्तित्व ने मुझ पर गहरी छाप छोड़ी है। मैं सोचता हूँ, इस रिश्ते पर, इन्दिरा गाँधी पर मुझे एक पुस्तक लिखनी चाहिए। केन्द्र हो, इन्दिरा गाँधी, परिदृश्य हो यह क्रूर और बर्बर शताब्दी। इस द्वन्द्व से कई दिलचस्प नतीजे निकलेंगे। लेकिन पहले भी कई बार सोचा और लिख नहीं पाया। तो क्या हुआ?

एक बार फिर। एक बार फिर प्रयत्न करो। तुम नहीं लिखोगे तो दूसरे बहुत-से फालतू लोग लिखेंगे, प्रशंसा या निन्दा कर इन्दिरा गाँधी की हत्या करेंगे।

वर्षः 1986

3 जनवरी 1986 / शुक्रवार / कलकत्ता

कल देर रात कलकत्ते आया। यहाँ से कल सबेरे पोर्ट ब्लेयर जाना है, अण्डमान। अण्डमान देखने की इच्छा बरसों से थी ; उन सींखचों को देखने की, जिनमें हमारे पूर्वजों का दम घुटता रहा। मर भी गये, सिर्फ एक स्वप्न के लिए–स्वाधीनता। मेरे लिए यह तीर्थ यात्रा है।

जहाँ तक कलकत्ते का प्रश्न है, कभी यह पूर्व की सांस्कृतिक राजधानी था। टैगोर ने उसे एक ऐसी गरिमा और विलक्षणता दे दी, जिसे पढ़-सुन लोग कहते थे, कलकत्ता कभी नष्ट नहीं होगा।

मगर असत्य साबित हुई यह भविष्यवाणी। कलकत्ता नष्ट हो चुका है। कुछ महीने पहले राजीव गाँधी की इस टिप्पणी पर कितना बावेला मचा कि 'कलकत्ता इज ए डाइंग सिटी।'

मगर मैं कहता हूँ, 'कैलकटा इज़ ए डेड सिटी।'

राजनेताओं, लुटेरे व्यापारियों और वक्त ने उसे नष्ट कर दिया। हर शहर की एक उम्र होती है। सौ साल, ढाई सौ साल, हजार साल, तक्षशिला, नालन्दा, पाटलिपुत्र, इन्द्रप्रस्थ, सभी नष्ट हो चुके। काल ने सबको निगल लिया। कहने को तो एथेंस अभी भी है। और रोम? और वेनिस। मगर क्या ये वही एथेंस, रोम और वेनिस हैं?

तमाम दुनिया में एक ही नगर अपवाद है, जिस पर शताब्दियों की धूल जम गयी, काल ने उसे जगह-जगह खरोंच डाला है, मगर वह अब भी गूँज रहा है, जीवित है, जीवन का गवाह, मणिकर्णिका के बावजूद।

काशी। मगर वह भी इसलिए कि गंगा है। जब तक गंगा रहेगी काशी रहेगी, अपने पण्डों, साँडों, राँड़ों, सीढ़ियों के साथ और रहना चाहिए उसे। एक अपवाद तो हो।

कलकत्ते में गंगा नहीं है। हुगली है। हुगली के तट पर व्यापार होता है। हुगली क्यों न नष्ट करती कलकत्ते को!

4 जनवरी 1986 /शनिवार /पोर्ट ब्लेयर

हर हँसी के पीछे आँसू होते हैं। कुछ आँसू यहाँ भी बहाये गये, पोर्ट ब्लेयर में, जो कभी 'काला पानी' के नाम से जाना जाता था। 'काली पानी' हमारी भाषा का एक मुहावरा बन गया—सुदूर निष्कासित जिसके लौटने की कोई उम्मीद नहीं।

मगर काला तो नहीं यह पानी? सुन्दर है, हरा है, नीला है, चारों ओर द्वीप है, मूंगिया, पहाड़ी द्वीप। जैसे समुद्र पर कछुए आसन मारकर बैठ गये हों और बैठे ही हों शताब्दियों से। तीन सौ से अधिक द्वीप। सुरम्य मनोरम।

फिर क्या काला था? काले थे हिन्दुस्तानी, हमारे पूर्वज, क्रान्तिकारी, देशभक्त जिन्हें गोरे शासक इसलिए यहाँ भेजते थे कि उन्हें देशप्रेम का मजा चखाया जाय। उन्हें पता चले कि यन्त्रणा, असह्य यन्त्रणा, अमानवीय यन्त्रणा क्या होती है।

अपरान्ह जब मैं 'सेल्युलर जेल' गया तो मैंने देखा, अपनी सभ्यता पर नाज करनेवाले अंग्रेज कितने कुरूप, बदशक्ल, मनहूस, अमानुषिक कारागृह खड़े कर सकते हैं। मानवीय स्वतन्त्रता की पक्षधरता का दावा करनेवाली गोरी जाति किस तरह इन्सान को उन सीखचों में एक नहीं, दो-दो दशक, दस-दस, बीस-बीस वर्ष कैद कर रख सकती है। इन सींखचों में जहाँ से कोई निकल नहीं सकता और कोई प्रवेश नहीं कर सकता। एक पतली-सी सूरज की किरण को छोड़ जो संसार को सुखभरी नींद से जगाती है, लोग-बाग अँगड़ाइयाँ लेते, ओंठों पर मुस्कान लिये उठते हैं, किरण जो औरों के लिए आशा का सन्देश लिये आती है। इन अभागों के लिए जो यहाँ अण्डमान में काला पानी भोग रहे थे, सुबह कभी कोई आशा का सन्देश नहीं लायी और शाम आयी तो वह भी डरती-डरती उनकी कोठरियों के दहलीज पर एक स्वप्न मात्र रख गयी—आज़ादी का स्वप्न, जिसे उन्होंने बरसों देखा, सँजोकर रखा। आखिर इस स्वप्न के लिए ही तो उन्होंने सजाएँ भोगी थीं। उनका जुर्म, अपराध क्या था ? उन्होंने स्वप्न देखा था। और वे उसे असलियत में परिणत करना चाहते थे।

कितनों ने दम तोड़ दिया, भूख और बीमारी से। क्या देते थे उन्हें वे, भोजन के नाम पर। मुझे बताया गया कि रात को टट्टी-पेशाब के लिए बाहर जाने की माँग करनेवालों पर कोड़े बरसाये जाते थे, या गालियाँ ; दूसरे सबेरे, जब अंग्रेज जेलर के सामने उनकी पेशी होती थी। मगर किसी ने आत्मसमर्पण नहीं किया। (हथियार डालने का मुहावरा ग़लत होगा। हथियार थे ही कहाँ, उनके पास) नीचे की चार कोठरियाँ 'काल कोठरियाँ' हैं, जहाँ उन्हें फाँसी से पहले रखा जाता था।

इन काल कोठरियों के ठीक सामने कुछ ही कदम की दूरी पर 'फाँसीघर' है। बाहर एक चबूतरा। फाँसी के पहले, तड़के, कैदी को इस चबूतरे पर लाया जाता था। अंग्रेज बड़े 'उदार' थे। मौत के पहले कुछ क्षण वे आदमी को खुली हवा में साँस लेने की छूट देते थे। वे बड़े 'धर्मभीरू' थे।

है, न ? तभी तो कैदी को स्नान-ध्यान कराया जाता था, गीता-बाईबल-कुरान के पाठ की सुविधा दी जाती थी और उनके 'स्वतन्त्रता प्रेम' की तो अन्यत्र कोई मिसाल ही नहीं ! फाँसी पर चढ़ाने के पहले पूछते थे, 'अन्तिम इच्छा ?'

कितनों ने उत्तर दिया होगा—'आजादी ।' क्या उन्होंने उनकी अन्तिम इच्छा पूरी की ?

शेक्सपियर के नाटकों में ट्रेज़ेडी ट्रेज़ेडी रहती है, कॉमेडी कॉमेडी। मगर वे शेक्सपियर को घर भूल आये थे। यहाँ आकर उन्होंने सीखा था, ट्रेज़ेडी को कॉमेडी में और कॉमेडी को ट्रेज़ेडी में बदलना ।

तभी तो वे फाँसी की सुबह तमाम कोठरियों के द्वार खोल देते थे, ताकि बाहरी सींखचों से कैदी देख सकें अपना भविष्य—फाँसी, आज़ादी की माँग करनेवालों का भविष्य—फाँसी, विदेशी शासकों को बाहर खदेड़ने का मंसूबा रखनेवालों का भविष्य—फाँसी, फाँसी पर चढ़ने का हौसला रखनेवालों का भविष्य—फाँसी और फाँसी की रस्सियों की परवा न करनेवालों का भविष्य—फाँसी ! देखो, तुम्हें, इसी तरह फाँसी पर चढ़ाया जायेगा ।

देखो, फाँसी पर लटककर तुम्हारी जीभ, आज़ादी का नारा लगानेवाली जीभ, इसी तरह, बाहर निकल जाएगी ।

देखो, अपना हश्र देखो ।

देखो, अपनी लड़ाई का हश्र देखो।

देखो, अपने देश का हश्र देखो ।

देखो, हम तुम्हें किस तरह नहला-धुलाकर पवित्र करते हैं (गंगाजल नहीं हुआ तो क्या हुआ, काला पानी तो है), और अब तुम्हें उस लोक में भेजते हैं, जहाँ फाँसी नहीं होती, कम-से-कम 'आज़ादी' चीख पड़ने पर फाँसी नहीं होती, जहाँ कोड़े नहीं लगाये जाते (नरक में जरूर लगाये जाते हैं, मगर अण्डमान आने के बाद नरक जाने की जरूरत ही क्या ?), जहाँ वह शरीर ही नहीं जिसे लटकाया जा सके ।

और रोज़ ही या अक्सर यह दृश्य दोहराया जाता। फाँसीघर में एक साथ तीन व्यक्तियों को फाँसी देने की व्यवस्था है। इसका अर्थ यह हुआ कि कई बार तीन-तीन व्यक्तियों को एक साथ फाँसी दी जाती थी ।

फाँसी के पहले कितनी चीखों से आसमान भर गया होगा ;कुछ रोये होंगे, कुछ चिल्लाये होंगे, कुछ ने नारा लगाया होगा—'इनक़िलाब ज़िन्दाबाद', 'क्रान्ति अमर रहे ।'

जिन्होंने ये नारे लगाये वे पागल थे। कोई विक्षिप्त व्यक्ति ही स्वयं को खतरे में डालता है। समझदार कोई जोखिम नहीं उठाते, कोई खतरा मोल नहीं लेते। चाय भी फूँक-फूँककर पीते हैं।

फाँसीघर के सामने की कारा की दूसरी मंजिल की सबसे अन्तिम कोठरी सावरकर की थी, जिन्हें सबसे खतरनाक कैदी माना जाता था। 1910 में उन्हें यहाँ लाया गया। 1929 में 'रिहाई' हुई। उनकी कोठरी को एक लोहे की दीवार खड़ी कर शेष काराघर से अलग कर दिया गया था। कोई भी कोशिश कामयाब न हो, भाग निकलने की ।

बरसों यहाँ रहने के बावजूद सावरकर को यह न मालूम हो सका कि उनके भाई भी इसी कारागर में कैद हैं।

मेरे मन में सावरकर के प्रति पूर्वग्रह था, क्योंकि उनका सम्बन्ध 'हिन्दू महासभा' से रहा। मैंने यह नहीं सोचा कि एक हिन्दू के रूप में अपनी अस्मिता की तलाश साम्प्रदायिकता नहीं।

कम-से-कम ऐसा व्यक्ति साम्प्रदायिक नहीं हो सकता, जिसने देशभक्ति की इतनी बड़ी सजा भोगी हो।

जेल के बाहर सावरकर की प्रतिमा स्थापित की गयी है, मेरा सिर झुक गया, श्रद्धा में।

और कुछ शर्म में। हम कितने शीघ्र दूसरों के विषय में फतवा दे देते हैं। और अगर तर्क के जरिए तुम लोग यह प्रमाणित कर भी लो कि सावरकर साम्प्रदायिक थे, तो मुझे तुम्हारा तर्क मंजूर नहीं।

मैं कवि हूँ। मैं तर्क नहीं जीता। मेरे लिए सावरकर वह व्यक्ति है जो हाथों-पैरों में हथकड़ी-बेड़ी पहने बरसों इस भयानक कोठरी में अँधेरे में, कैद रहा, मगर न वाणी अवरुद्ध हुई न आत्मा।

शाम हो चली है। समुद्र पर चिड़ियाँ मँडला रही हैं। हजारों की तादाद में। कौन जानता है, ये हमारे पूर्वजों की मृतात्माएँ हों।

कुछ मेरी खिड़की के शीशों से आकर टकरा जाती हैं। या वे मुझे जगा रही हैं, गहरी नींद से। जागो, तुम नींद में हो। नींद में चल रहे हो, नींद में लिख रहे हो, नींद में जीवन जी रहे हो।

जीवन वह है जो इन सींखचों में रहनेवालों ने जिया।

मैंने अपने कमरे की बत्तियाँ नहीं जलायीं। रहने दो यह अन्धकार। होने दो पूर्वजों से, मृतात्माओं से यह संवाद।

नीचे, पहाड़ी के नीचे समुद्र है। पानी, दूर तक फैला पानी। अरे, यह तो सचमुच काला हो चला। यह पानी।

5 जनवरी 1986/ रविवार / पोर्ट ब्लेयर

सेल्युलर जेल से लौटने के बाद मैंने सोचा था, मुझे रात नींद नहीं आयेगी।

मगर थोड़ी देर खुद से झगड़ने के बाद आँखें झपक गयीं और थोड़ी ही देर में मैं खर्राटे भरने लगा। सुबह उठा तो समुद्री चिड़ियाँ पंख मारती, समुद्र पर झपट्टा मारती दिखायी पड़ीं।

दोपहर मोटर बोट में समुद्र की सैर की। यहाँ के द्वीपों के नाम अंग्रेजी हैं—अंग्रेज अपनी बीवियों और सालों के नाम अमर करना चाहते थे। रॉस ऑइलैण्ड, वाइपर ऑइलैण्ड (अवश्य ही यहाँ जहरीले नाग रहते होंगे)।

वाइपर ऑइलैण्ड में एक टेकड़ी पर पुराना फाँसीघर भी देखा। 1857 के भारतीय सैनिकों को, जिन्होंने देशप्रेम किया था, यहाँ लाकर फाँसी दी गयी थी

एक द्वीप में किसी पेशेवर अपराधी ने तत्कालीन वायसराय लार्ड मेयो की हत्या की थी, उनकी सैर के दौरान। ब्लड एवेन्ड्ड बाई ब्लड। चार या शायद तीन हजार वर्षों के रक्तपात के बावजूद मनुष्य को अकल नहीं आयी कि रक्त का बदला रक्त होता है। बुद्ध, ईसा, गाँधी, रक्तपात समाप्त करना चाहते थे। मगर वे अब पुस्तकालयों, संग्रहालयों और पूजाघरों की वस्तु होकर रह गये हैं।

रिनांसाँ कलाकारों ने कला और धर्म को एकाकार कर ईसा को सिर्फ एक कृति या मसीहा होने से बचाना चाहा। उन्होंने ईसा में मनुष्य का उत्कृष्ट रूप देखा और दिखाया।

भारतीय और दक्षिणेशियाई कलाकारों ने भी बुद्ध को नरोत्तम के रूप में दरसाया।

मगर बुद्ध और ईसा दोनों की पूजा होती है, अपने-अपने ढंग से। वे चैत्यों, मठों, गिरिजाघरों या फिर भद्रलोक के ड्राइंगघरों की वस्तुएँ और सजावट होकर रह गये।

गाँधीजी फिल्म का विषय बन गये।

जिन्दगी में, व्यवहार में, किसी का गवाह न गाँधी रहे, न बुद्ध, न ईसा। कोई नहीं कहता, मैं तुम्हारी शरण हूँ। कोई नहीं दोहराता, प्रेम करो। कोई नहीं कहता, क्षमा करो।

चारों ओर रक्त और प्रतिहिंसा की गुहार है, चीख-पुकार है। हत्या सिर पर सवार है, समग्र मानवजाति की हत्या।

लांच में बैठकर सौन्दर्य-विहार करते, सौन्दर्य को निगलते, मापते हुए भी मेरा मन अशान्त है, इस समुद्र की तरह। फर्क इतना है कि समुद्र गहरा है, मैं उथला हूँ, ओछा हूँ। जीवन-भर प्रयत्न कर भी अपने मन और व्यक्तित्व में गहराई नहीं पैदा कर सका।

6 जनवरी 1986/ सोमवार / पोर्ट ब्लेयर

आज भी दिन-भर नाव पर द्वीप समूह की, समुद्र की सैर करता रहा।

समुद्र विराट है। वह मनुष्य को उसकी तुच्छता का बोध कराता और शक्ति का भी—यह कि तुम विजेता हो; तुमने जय यात्राएँ की हैं, समुद्र में और अन्तरिक्ष में।

समुद्र भिन्न है, भूमितत्व से बिलकुल भिन्न; जल, जिसे सिर्फ वायु मथ सकता है।

क्या माया है ! कैसी है ईश्वर की सृष्टि ! यह समुद्र चन्द्रमा को देखकर लपकता है, न होने पर तटों पर सिर धुनता है।

वैज्ञानिक व्याख्याओं ने हमारे अन्तर्जगत को कितना छोटा, कितना जिज्ञासा-रहित, कितना कोरा बना दिया है, अन्यथा कितना जादू है इस सृष्टि में।

कम-से-कम मेरे जीवन-काल में वे यह सारा माया-लोक, यह समग्र जादू नहीं तोड़ पायेंगे—ब्रह्माण्ड का तिलिस्म।

7 जनवरी 1986/ मंगलवार / कलकत्ता

कलकत्ता के लिए फिर मन उदास हो गया। चारों ओर लोग हैं। मगर सब, जैसे एक भूलभुलैयों में घूम रहे हैं।

किसी की आँखों में चमक नहीं। चेहरे पर रौनक नहीं। हरेक जानता है, भविष्य नहीं।

यही वह नगर है जहाँ मैं पहली बार 1965 में आया था। आज से इक्कीस साल पहले इन्हीं दिनों। मैंने कलकत्ते के मन में घुमड़ते स्वप्न देखे थे। स्त्रियों को संगीत में सराबोर देखा था। नौजवानों की बहसें सुनी थीं, जिनमें जान थी और वे नौजवान देखे थे जो अपनी आस्था-विश्वास के लिए जान देने पर आमादा थे।

सुसंस्कृत वेश्याएँ देखी थीं, सभ्य शराबी देखे थे, बात-बात पर लड़ पड़नेवाले कवि देखे थे, चाकू के बल पर क्रान्ति का हौसला रखनेवाले, करोड़पति बापों के नक्सलपन्थी बेटे देखे थे।

मगर अब।

अब गँवार और फूहड़ रण्डियाँ हैं। (सुना है बिहार और बंगाल के राजनेता उनके मेज़बान और मेहमानों दोनों ही हैं), उजड्ड, असभ्य, उचक्के पियक्कड़ हैं, कवियों को मेमना बनाने की कोशिश है और चाकू गुण्डों की भाषा बन गया है। जॉब चार्नाक का कलकत्ता तो बहुत पहले खत्म हो चुका था और टैगोर का भी। हमने अपने जीवन-काल में जो कलकत्ता देखा था, वह भी नहीं रहा।

याद दिलाने को हावड़ा का पुल है।

9 जनवरी 1986/ बृहस्पतिवार / बनारस

बनारस, जो मेरी कविताओं में, काशी बनकर, बार-बार आता है, मेरा प्रिय शहर है। शिव का भी प्रिय शहर है, बंगाल की विधवाओं का भी, यूरोप और अमेरिका के गँजेड़ी और अफीमची युवकों का भी, मूर्तियों की तस्करी करनेवालों का भी और जीवन-भर बगैर कुछ किये सिर्फ मरनेवालों का भी।

क्यों?

पता नहीं।

शायद इसलिए कि बनारस शिव का नगर है।

शायद इसलिए कि बनारस संसार का सबसे स्वाधीन, स्वायत्त नगर है। क्या नहीं है यहाँ जिसे आज़ादी नहीं। मरने के बाद अपने-अपने स्वर्ग में पहुँचने की इच्छा रख मरनेवालों की आज़ादी। घाट पर, सीढ़ी पर, गली में सारा जीवन गुजार देने की आज़ादी। कोढ़ को कर्मफल मानने की आज़ादी।

इस लोक की आज़ादी तो हर जगह है। बनारस अकेला शहर है जहाँ परलोक की आज़ादी है।

शिव प्रत्येक की मान्यता, विश्वास, मनोवांछित मरणशैली और जीवनशैली की रक्षा करते हैं।

शिव, जो दिखाई पड़ते हैं—कभी कोढ़ी की शक्ल में, कभी भिखारी की, कभी विधवा की, कभी साँड की, कभी तस्कर की, कभी मूर्ति की, कभी-कभी परिचित-अपरिचित की।

शिव, जो स्मरण आते हैं और शिव जो स्मरण नहीं आते।

मगर काशी (बनारस) में सिर्फ शिव नहीं, शव भी हैं।

असंख्य शव। बहते हुए शव, दहकते हुए अंगारों की तृष्णा शान्त करते हुए शव, भीड़ को चीरकर गुजरते हुए शव, न जाने कहाँ से लाठी टेकते, हाँफते, रुक-रुककर चलते हुए शव, शव के नाम पर छलते हुए शव, मणिकर्णिका का पता पूछते शव, मणिकर्णिका से डरकर छटपटाते हुए शव।

मैंने शव को न जाने कितने रूपों में देखा है, कल्पनाएँ की हैं।

बनारस में मेरे बचपन का वह हिस्सा गुजरा है, जहाँ गंगा हमारी स्मृति का पर्याय बन जाती है।

सम्भव है किसी जन्म में मैं रोहिताश्व था। या डोम ? जो भी हो, मैं बार-बार आया काशी।

काशी में मेरी बुआ ब्याही गयी थीं। मेरे पिता से छोटी थीं। उन्हें बहुत प्यारी थीं और उनसे भी अधिक मेरी दादी को।

और मैं अपनी दादी का लाड़ला था। उनके साथ बार-बार, हर साल बनारस आता। फिर अकेले बनारस आने लगा। वैसे पास ही प्रयागराज है और दूर ही सही, दिल्ली भी है। मगर मैं कहीं नहीं गया। सिर्फ बनारस आया।

क्यों ?

मैंने कहा न, मैं नहीं जानता।

या तो मैं

डोम था

या

रोहिताश्व !

मैं बनारस में नहीं बसा। मगर बनारस मुझमें बस गया। मैं कैसे रोक सकता था बनारस को बसने से ? उसने मुझमें जहाँ भी जगह खाली देखी, घर बना लिया।

मेरी बुआ बूढ़ी हो चुकी हैं। मुझे देख रोने लगीं। शायद स्मृतियाँ जाग उठीं, गंगा कगार तोड़ बह निकली।

मुझे याद आया, मैंने इन्हें कभी युवा देखा था। तब वह कितनी सुन्दर थीं। सुन्दर अब भी हैं। बुढ़ापे का अपना सौन्दर्य होता है, मृत्यु की अपनी शान्ति होती है। मगर चेहरे पर झुर्रियाँ हैं, क्या ये दरारें हैं, शरीर कहने-भर को शरीर है।

यहाँ से, बनारस से कुछ ही दूर सारनाथ में, बुद्ध ने सबसे पहले अपने पाँच शिष्यों से यही कहा था–

जरा।

रोग।

वृद्धायु।

मृत्यु।

इस चक्र से निकलो। और इस चक्र से निकलने का रास्ता है।

मगर आसान नहीं।

अन्यथा हम बार-बार बनारस क्यों आते।

हम आते ही हैं बनारस क्योंकि हमें अभी
रास्ता नहीं मिल पाया है।
रास्ता है।
और रास्ता यहीं है,
राँड, साँड, और शव जिस पर से
गुज़र रहे हैं,
वहीं कहीं।
कौन जाने!

10 जनवरी 1986/ शुक्रवार / बनारस

आज बड़े सबेरे नाव पर गंगा-बिहार करते हुए, सूर्योदय देखा। गंगा का, काशी का सूर्योदय।

लाल, एकदम लाल, सूर्य। गंगा से निकलता हुआ, उगता हुआ। तुलसीदास ने इसी सूर्य को, इस लाल गोले को देखकर अंजनी-पुत्र हनुमान की कल्पना की होगी।

घाट-ही-घाट हैं। दशाश्वमेध और मणिकर्णिका तो दो मशहूर घाट हैं। हर दस कदम पर एक घाट है, किसी राजा, रानी या व्यापारी के नाम पर।

और कर भी क्या सकते थे वे अपना नाम चिरस्थायी करने को ?

मगर ज़रा और चलो। तुम्हें मिलेगी मणिकर्णिका जहाँ मुर्दे फूंके जा रहे होंगे। और दो नहीं, शायद तीन हजार साल से यही फूंके जा रहे हैं। क्या याद दिलायेगी वह तुम्हें ? यही कि कुछ भी स्थायी नहीं। भाइयों, कुछ भी टिकाऊ नहीं, अमर नहीं, अजर नहीं। सबक लो, सीखो, सिर झुकाओ, महाकाल के आगे।

हम कहते हैं, कालजयी। कालजयी सिर्फ एक मुहावरा है। कुछ नहीं कालजयी।

भारतेन्दु ने कहा, 'राजा हरिचन्द की कहानी रह जायेगी।'

बस कहानी रह जायेगी, क्योंकि कहानी शब्द है, नाद है, विस्फोट है, सृष्टि का, ब्रह्माण्ड का विस्फोट।

कल जब मैं अपनी बुआ के घर गया था, अर्दली बाज़ार तो अपने फूफा को देखा : 85 साल की उम्र, बिस्तर पर पड़े, न बोल सकते हैं, न हाथ-पैर हिला सकते हैं। उन्हें कोई बीमारी नहीं। सिर्फ बुढ़ापा है।

लगा, एक शव है जो सिर्फ़ प्रतीक्षा कर रहा है। न कोई भय रह गया है, न तृष्णा, न लोभ।

मगर मैंने कितना गलत सोचा था। सिर्फ़ मृत्यु ही हमें लोभ और तृष्णा से छुटकारा देती है। कारण कि मैंने जैसे ही मिठाई का डिब्बा खोला, शव हिलने-डुलने लगा। परिवार के लोगों ने समझ लिया। सहारा देकर उठाया। उन्होंने अँगुली से मिठाई की ओर इशारा किया। मेरी बुआ ने उनके मुँह में एक मिठाई का टुकड़ा डाला और शव के चेहरे पर तृप्ति का भाव आया। उन्हें लिटा दिया गया।

थोड़ी देर में शव खर्राटे भरने लगा। न जाने कितनी तृष्णाएँ स्वप्न में मँडरा रही होंगी।

एक ऐसी ही घटना की याद आ गयी। कुछ साल पहले अपनी मृत्यु के कुछ दिन पहले मेरे पिता ने खाट पर पड़े-पड़े अस्फुट स्वर में कहा, "बड़े दिनों बाद आये हो। आज मछली खिलवा दो।"

मछली खाने के बाद उस दिन मैंने उनके चेहरे पर ऐसी ही तृप्ति देखी थी।

यह कैसी तृप्ति है ? कैसी लालसा ?

मैंने कबीरदास की पंक्ति दोहराई : 'माया महाठगिनि हम जानी।'

10 मार्च 1986/ सोमवार / न्यूयार्क

इस बीच में कितना कुछ घट गया। ज़िन्दगी ही बदल गयी। मैं मौत के कगार पर खड़ा हूँ।

पिछले छह महीनों से मैं पेट और पीठ के दर्द से परेशान था। तीन-चार हफ्ते हुए, बेरियम मिल्क कराया तो पता चला कि पेट में अल्सर है। दवाएँ कीं। तुरत कोई राहत नहीं मिली। विलिंगडन अस्पताल में जाँच और इलाज के लिए भरती हुआ।

और जाँच करने पर पता चला कि भोजन की नली के निचले हिस्से में कैंसर है। तुरन्त राजीवजी को फोन किया। उन्होंने अपने सचिवालय को आदेश दिया कि न्यूयार्क के स्लोन केटरिंग अस्पताल में मेरे इलाज की व्यवस्था करायी जाये।

इलाज के लिए खर्च चाहिए। उन्होंने पार्टी को आदेश दिया। एयर इण्डिया से मुझे तीन टिकिट दिलाये। मेरी पत्नी, लड़का और मैं।

इस तरह सभी व्यवस्था हुई। ईश्वर उन्हें लम्बी उम्र दे।

1983 में भी उन्हीं की मदद से मेरे हृदय शल्यचिकित्सा हुई थी, न्यूयार्क में। उनसा सहृदय दुर्लभ है। वह मित्रों के मित्र हैं। पिछले सोमवार, 3 मार्च को मैं न्यूयार्क पहुँचा, सपरिवार। वीणा, मन्टू और मैं। तुरन्त मेरी जाँच शुरू हुई। स्लोम केटरिंग कैंसर का सबसे मशहूर अस्पताल है। सर्जरी विभाग के अध्यक्ष डॉ. मरे ब्रेनन ने मेरी आरम्भिक जाँच की।

दूसरे दिन डॉ. लाहरडेल ने एण्डोस्कोपी की और बायप्सी के लिए मांस का एक टुकडा काटकर निकाला है।

बायप्सी की रिपोर्ट अभी नहीं आयी। मगर डॉ. लाहरडेल का ख्याल है कि एक छोटी-सी झिल्ली है, जिसमें ग्रोथ है। अब कल मुझे रेडिएशन के लिए अस्पताल जाना होगा। परसों वे मुझे भरती करेंगे और बृहस्पतिवार को मेरा ऑपरेशन होगा। ऑपरेशन डॉ. मनजीतसिंह बेन्स करेंगे। दस रोज़ मुझे अस्पताल में रखेंगे।

मौत का यह मुझ पर दूसरा हमला है। पहली बार, 1983 में तो बच निकला। इस बार, देखें, क्या होता है।

जीवन, मरण, नियति, कुछ समझ में नहीं आते।

मनुष्य की अपनी इच्छा, ज्ञान, दृष्टि, कल्पना के परे बहुत कुछ है, हम जिसके विषय में कुछ नहीं जानते और कभी नहीं जान पायेंगे।

11 मार्च 1986/ मंगलवार / न्यूयार्क

आज सवेरे स्लोन केटेरिंग अस्पताल में मुझे रेडिएशन दिया गया। भोजन की नली में पाइप डालकर क़रीब 15 मिनिट, डॉक्टरों ने रेडिएशन चिकित्सा की। वे कहते हैं, इससे ऑपरेशन में सुविधा होगी। उनकी मान्यता है कि इससे कैंसर-ग्रस्त सेल सिकुड़कर रह जायेंगे, और ऑपरेशन के जरिए कैंसर-प्रभावित हिस्से को निकालकर फेंक दिया जायेगा।

रेडिएशन सिर्फ 15 मिनट हुआ, मगर सारा शरीर दिन-भर शिथिल रहा, जैसे शक्ति ही नहीं रह गयी हो।

जब से बीमारी का पता चला है, भूख ही बुझ गयी है। डॉक्टर कहते हैं, कैंसर में ऐसा अक्सर होता है।

क्या कहूँ !

कितना अभागा हूँ मैं !

बचपन से रोगग्रस्त रहा। अभी जवान भी नहीं हुआ था कि पिता निकम्मे हो गये। कोई काम नहीं, कोई आय नहीं। जिस उम्र में लोग सपने देखते हैं, मैंने स्कूल मास्टरी की ; माँ-बाप भाई-बहिनों को पाला और अपनी शिक्षा पूरी की।

दिल्ली आया तो एक के बाद एक मुसीबतों का सिलसिला चल निकला। कोई अन्त नहीं। पराजय, विफलता, पीड़ा, अपमान, रोग, धोखा, सब मुझसे चिपकते गये।

कभी निराला की पंक्ति याद आती है, "क्या कहूँ, आज जो नहीं कही, दुख ही जीवन की कथा रही," तो कभी मुक्तिबोध की, "पिस गया वह भीतरी और बाहरी, दो कठिन पाटों बीच ऐसी ज़िन्दगी है नीच।"

नहीं जानता, यह डायरी जारी रहेगी या यह इसका अन्तिम पन्ना होगा।

मगर इतना अवश्य कहूँगा, मैं जीना चाहता हूँ।

हमारा हिन्दू दर्शन, हमारे ग्रन्थ, कितने सही हैं।

बार-बार वे जिस एक जगह पर लौटकर आते हैं, जिस एक शब्द को वे बार-बार दोहराते हैं, वही सच है, वही अन्तिम सत्य है।

भाग्य का अभिलेख लिखा जा चुका है। न हम उसे पढ़ सकते हैं, न बदल सकते हैं।

क्या मैं जानता था कि तीन वर्ष में मृत्यु मुझे दो बार आ दबोचेगी और क्या मैं जानता हूँ, आगे मेरे साथ क्या होगा और क्या नहीं होगा?

सब कुछ सपना लगता है। पिछली सारी ज़िन्दगी, सब कुछ जो मेरे साथ घटा, जो मैंने देखा, भोगा, झेला, रचा, बसा, बसाया, सब कुछ सपना ही तो था।

और अब भी। मैं सपना ही तो देख रहा हूँ। सपने में जी रहा, सपने में मर रहा हूँ।

समग्र सृष्टि मेरा नहीं, हमारा नहीं, परमपिता का महास्वप्न है, समूचा ब्रह्माण्ड।

हम तो स्वप्नपटल पर गुजरती परछाइयाँ हैं।

मेरा मन शान्त है। मैंने एक उद्विग्न जीवन जिया। मगर आज शान्त हूँ। क्योंकि देर से ही सही, मैंने यह समझ लिया है कि सूत्र मेरे हाथ नहीं। मैं तो सिर्फ एक कठपुतली हूँ।

जैसे राखे राम, तैसे रहिए।

इससे अधिक हम क्या कह सकते हैं, क्या कर सकते हैं।

●●●